Mister President

Du même auteur

Sacrés Français ! Un Américain nous regarde, Éditions Michalon, 2003 ; Folio documents n° 17.

Sacrés Américains ! Nous les Yankees, on est comme ça, Éditions Michalon, 2004 ; Folio documents n° 28.

Sacrés Français, le roman ! Un Américain en Picardie, Éditions Michalon, 2005 ; Folio n° 4632.

Sacrés fonctionnaires ! Un Américain face à notre bureaucratie, Éditions Michalon, 2006 ; Folio documents n° 45.

Sacrée Maison-Blanche ! Obama, Hillary, McCain et les dessous de la folle politique américaine, Éditions Michalon, 2008.

Ted Stanger

Mister President

Lettre ouverte
à Barack Obama

ÉDITIONS MICHALON

© 2009, Éditions Michalon
14, rue Monsieur-le-Prince – 75006 Paris
www.michalon.fr
ISBN : 978-2-84186-470-6

Ted Stanger
1 place de l'Estrapade
75005 Paris
France

President Barack Obama
White House
1600 Pennsylvania Avenue
Washington DC 20500, USA

Dear Mister President,

Tout d'abord, un grand bravo ! Depuis votre triomphe électoral, qui est celui de tout un peuple, j'avais très envie de vous adresser mes félicitations. Sachez que toute la France, un pays dans lequel je vis depuis seize ans, a réagi à votre victoire comme si c'était la sienne et avec une unanimité étonnante pour cette vieille nation habituellement si divisée et si contestataire (ici, l'élection présidentielle de 2007 fut bien loin de susciter une telle cohésion nationale !). À peine deux semaines après votre succès, la Première dame, Carla Bruni, a très bien résumé cet état d'esprit auprès des téléspectateurs américains : « *France is thrilled* » : la France se réjouit.

Je vais vous avouer ici quelque chose d'un peu personnel : j'ai été moi-même si ému par le résultat du 4 novembre que les larmes me sont montées aux yeux. Pour ressentir une telle émotion, il faudrait que je remonte à l'année de mes dix-neuf ans, lorsque j'ai fait l'acquisition de ma première voiture, une Ford d'occasion – un moment solennel pour tout mâle américain –, suivie quelques semaines plus tard par un émoi tout aussi vif, mais plus douloureux, quand j'ai reçu ma première facture de garagiste (une panne d'embrayage !).

Voyez-vous, afin de mieux savourer la défaite du parti républicain de George W. Bush et de clore ces huit années de calvaire entamées par le scrutin cauchemardesque, et à mes yeux illégitime, de l'an 2000 en Floride, j'ai refusé plusieurs plateaux de télévision ici à Paris pour commenter les résultats. Une assistante de production à LCI s'en est d'ailleurs même un peu offusquée. Mais je préférais rester au calme chez moi pour ne rien manquer du spectacle sur CNN, à l'américaine, c'est-à-dire en appréciant le suspense de ces États qui tombent les uns après les autres dans l'escarcelle démocrate ou républicaine en faisant grimper, grimper, grimper les chiffres du collège électoral vers le seuil fatidique des 270 grands électeurs. Un show qui permet en outre aux citoyens d'apprendre, une fois n'est pas coutume, la géographie de leur pays, État par État. Un suspense plus insoutenable que celui ménagé dans ses films par le regretté Alfred Hitchcock. Une révélation progressive, un véritable striptease démocratique, que les Français, eux, ne connaissent pas car ici le nom du gagnant de la Présidentielle tombe d'un coup aussi sec et indiscutable que la lame de la guillotine, à 20 heures pile. Ensuite, il ne reste plus qu'à aller se coucher, plein de satisfaction. Ou d'amertume.

Cette nuit-là, comme prévu, les présentateurs de la chaîne tout info américaine interrompaient les commentaires à chaque fois qu'un sondage sorti des urnes indiquait une tendance nette. Les États de la Nouvelle-Angleterre, situés dans la première tranche horaire, basculèrent tous et logiquement en votre faveur, *Mister Obama*, tandis que vous aussi vous regardiez la télé depuis une chambre d'hôtel à Chicago. Puis, également sans surprise, ce fut au tour de l'État de New York avec ses trente et un grands électeurs. Votre total dépassait les 200 grands électeurs lorsque l'équipe de CNN coupa une nouvelle fois la parole à un intervenant avec le mot « URGENT ».

« Nous sommes désormais en mesure d'annoncer le résultat dans l'État-clef de l'Ohio » proclama le présentateur-vedette de la chaîne, un petit barbu nommé Wolf Blitzer. Professionnel de la télé, il marqua une petite pause afin de faire durer le plaisir avant d'ajouter : « Dans l'Ohio, avec ses vingt grands électeurs, c'est Barack Obama qui l'emporte ! » Toute l'Amérique (et les quelques Français qui avaient préféré une chaîne anglophone pour l'occasion) a compris à cet instant précis que vous aviez gagné le droit de devenir notre 44e président, une remontée de John McCain s'avérant désormais impossible, car les résultats de la Californie, acquise aux démocrates, n'allaient pas tarder à arriver.

La télé montra alors la foule réunie au Grant Park de Chicago qui criait sa joie, s'embrassait, hurlait à tue-tête. Dans tout le pays, on assista à des scènes de liesse similaires. Moi, dans mon fauteuil à Paris, j'ai dû sortir un bref instant mon mouchoir de sa poche, comme Laurence Haïm quatre ans plus tôt, sauf que cette fois et pour moi, ce n'était pas de tristesse...

Enfin, quelle joie pour moi de voir que c'était l'Ohio, la région dans laquelle j'ai grandi, qui avait fait basculer le résultat définitif en votre faveur, ce même État qui quatre ans plus tôt avait assuré un deuxième mandat à Bush !

Je n'ai pas tardé à aller au lit, non sans avoir été jeté un œil par la fenêtre pour regarder la petite place en face de chez moi. Tout était calme. Tout Paris semblait dormir. Pourtant, je savais parfaitement que des milliers et des milliers de Français suivaient cette élection, encore plus fiévreusement que moi. D'ailleurs lors des multiples émissions et débats auxquels j'ai eu le plaisir de participer durant l'année 2008, j'ai souvent été touché par l'engouement de Français de tous horizons à l'égard du processus politique archaïque et illogique de notre pays. Je me souviens par exemple de cette grand-mère aux cheveux blancs qui m'a apostrophé un jour devant le rayon légumes du Casino, rue de Reuilly à Paris : « Vous pensez que monsieur Obama peut quand même gagner ? » m'a-t-elle demandé, inquiète. C'était au mois de février 2008, pendant les primaires qui vous opposaient à une Hillary Clinton particulièrement tenace et combative, et bien avant le tsunami économique qui allait s'abattre sur l'Amérique sept mois plus tard et changer la donne. Je lui ai répété le pronostic que j'avais délivré quelque temps plus tôt en toute objectivité sur Canal Plus et dans *Le Parisien* : un Noir, même s'il l'emportait devant madame Clinton, aurait du mal à battre un ancien héros de la guerre du Vietnam comme le candidat républicain John McCain.

Au cours de l'été 2008, c'est un gardien de la mairie du IVe arrondissement qui m'interrogea pendant une bonne vingtaine de minutes sur la différence entre délégués et super-délégués du parti démocrate, comme s'il préparait une thèse sur le sujet. Son enthousiasme était impressionnant.

Et je ne vous parle pas de Serge Moati, en reportage dans l'Amérique profonde, alors qu'il ne maîtrise aucunement la langue du pays. Un pur francophone qui débarque à Topeka, Kansas – le bled où vous avez passé une partie de votre enfance, *Mister President* – c'est un peu comme un explorateur qui partirait à la conquête du Pôle Nord en maillot de bain. Quel courage ! Et quel bon reportage !

Pendant cette période, j'ai souvent eu envie de m'excuser pour l'indifférence de mes compatriotes à l'égard du reste du monde, de sa géographie (souvenez-vous de cette carte de CNN des villes françaises lors des émeutes dans les banlieues : Toulouse était placée à la frontière suisse et Lyon à la place de Limoges), de ses coutumes, de sa politique, y compris cette passionnante élection présidentielle de 2007 qui n'a suscité d'articles que dans le *New York Times* et le *Washington Post*. Il existe de simples Français qui en savent davantage sur notre loi électorale que nous. Quelle honte, quelle injustice ! Et surtout, quelle bêtise. Des erreurs historiques commises par Washington, comme le Vietnam ou l'Irak, auraient certainement pu être évitées si notre public et nos législateurs se donnaient un peu plus la peine de lorgner au-delà de nos frontières ; n'est-ce pas, *Mister President* ?

Encore un dernier mot avant de commencer. Vous vous posez sans doute la légitime question de savoir qui je suis pour oser vous proposer un certain nombre de conseils dans les pages qui suivent, vous qui êtes désormais l'être humain le plus puissant de la planète, entouré de conseillers politiques expérimentés, d'éminents spécialistes recrutés sur les campus et d'économistes chevronnés.

Eh bien, je suis certes un simple électeur, mais je suis tout de même un grand fidèle depuis toujours du parti démocrate, comme tout le monde dans ma famille d'ailleurs (sauf l'un des quatre enfants qui est devenu républicain, mais personne ne lui adresse plus la parole, en tout cas pas sur les sujets d'actualité).

À l'âge de douze ans, j'ai suivi ma première convention démocrate scotché devant la télé familiale, une télé grande comme un meuble mais dont l'écran noir et blanc ne dépassait guère la taille d'une enveloppe. C'était en 1956, et les démocrates échouaient pour la seconde fois devant le président Eisenhower. Une défaite cruelle, surtout que nous avions fièrement fixé l'un de ces autocollants dont raffolent les Américains sur le pare-chocs de notre vieille Plymouth avec le nom du candidat démocrate, Stevenson, dessus. On fabriquait ces stickers avec une colle si puissante que nous n'avons jamais réussi à enlever cette pub, de sorte que la voiture est restée marquée à vie, jusqu'à la casse. Les voisins, des républicains endurcis mais sympas, nous ont longtemps considérés comme de très mauvais perdants...

Heureusement, quatre ans plus tard, ce fut la revanche grâce à Kennedy, à qui j'ai eu l'honneur de serrer la main lorsqu'il est venu faire campagne dans ma ville provinciale de Columbus, assis sur la banquette arrière d'une décapotable qui remontait *High Street*, dans la pure tradition de Franklin Roosevelt – une tradition qui coûta la vie au pauvre JFK trois ans plus tard à Dallas.

Outre cette qualité de vieux militant du parti, j'ai également eu l'occasion de parcourir un peu ce vaste monde pendant mes années de grand reporter pour l'hebdomadaire *Newsweek*. L'expérience d'un journaliste, cela donne le droit de donner son avis, non ? J'ai couvert des conflits des Malouines à Beyrouth, en passant par Sarajevo, l'Iran ou encore l'Irak. J'ai failli plus d'une fois y laisser ma peau. Les manifestations de haine à l'état pur ne me sont pas étrangères non plus, grâce aux six années de mission passées dans la ville-poudrière de Jérusalem, où l'on tuait des gens de part et d'autre à cause de leurs origines.

L'art de la guerre, ses formes, ses vices, ses limites, et son matériel, je les maîtrise aussi un peu pour avoir fréquenté des combattants de tout bord. « Il n'existe pas de plus grande exaltation que lorsque que l'on vous tire dessus, mais sans vous atteindre », ironisa un jour Winston Churchill qui fut soldat pendant sa jeunesse. C'est vrai, mais la nécessité de devoir expliquer plus d'une fois que vous êtes un journaliste et non un agent de la CIA à un type qui vous braque sa Kalachnikov entre les deux yeux, cela rend lucide pour le restant de ses jours.

Une autre confession si vous le permettez. De toutes les missions journalistiques que j'ai acceptées, aucune n'est comparable à ce que j'ai vécu (et vit encore !) en France, un pays cultivé, raffiné, sophistiqué, stylé, mais aussi frustrant, inexplicable, déchiré, contradictoire, et hypocrite. Et un pays à tout moment incontournable. Les Français, je dois vous le signaler, sont tout sauf des idiots, et ils ont trouvé dans certains domaines des solutions, ou au moins des débuts de réponse, que nous aurions tort d'ignorer. En principe, ce sont nos frères ennemis, car leur modèle jacobin s'oppose parfois de façon virulente au nôtre, libéral. Mais c'est à ses périls que l'on tourne le dos à un tel rival. J'ai visité plus de soixante pays pour mes reportages, mais aucun ne m'a autant fasciné que l'Hexagone et ses habitants. La Maison-Blanche, que ce soit sous les démocrates ou les républicains, aurait tort de considérer la France comme n'importe quel autre pays de taille moyenne.

Je peux vous garantir que cela n'a pas été facile pour moi depuis huit ans, dans les tranchées de la vie parisienne, de répondre aux attaques contre l'Amérique de Bush. Je l'ai fait par loyauté, certes, mais je n'en suis pas sorti indemne. Ici, on vit la politique au quotidien, et pas seulement une fois tous les quatre ans comme chez nous. La parole en France a une force qu'on n'imagine pas, elle est plus destructrice que des obus ou des grenades sur d'autres champs de bataille. Depuis mon arrivée sur ces rives, je n'ai jamais réussi à enchaîner plus de deux phrases à l'antenne, tant les Français sont prompts à vous couper la parole. Rappelez-vous que le seul Américain qui ait osé participer pleinement au grand débat d'idées face aux Français fut notre patriote historique, le célèbre penseur et pamphlétaire Thomas Paine, arrivé ici en 1792 et accepté par la Révolution comme membre de la Convention. Naïf, il pensait pouvoir s'exprimer. Pour sa peine, il fut incarcéré et a failli finir sur l'échafaud !

De ces nombreuses années passées en France, j'ai retenu une chose importante : si vous parvenez à tenir tête aux Français, aucun autre désagrément de l'existence ne pourra plus vous faire peur. Même un week-end chez votre belle-mère.

J'ai bien gagné le droit de vous conseiller, *Mister President*. N'est-ce pas ?

1

Une fois encore, toutes mes félicitations, *Mister President*, car vous avez survécu à une épreuve spécifiquement américaine qui s'appelle la « transition ».

Il faudrait au moins mille ans pour bien expliquer aux Français pourquoi cela nous prend une dizaine de semaines après une élection présidentielle pour que le nouveau chef assume ses fonctions, une passation de pouvoir que les Gaulois règlent en l'espace d'un après-midi pendant que les déménageurs s'occupent des cartons. En prime, cette transition si lente a cette fois perturbé sérieusement un moment critique dans les affaires du monde en survenant au plus fort d'une profonde crise économique et financière. Pendant que le reste de la planète s'impatientait en s'inquiétant pour ses jobs, nous avons livré le spectacle bizarre d'un gouvernement bicéphale, avec une tête officielle à Washington mais un vrai pouvoir, en *stand-by*, à Chicago, dans votre maison du quartier de Hyde Park. Cette situation m'a fait penser aux périodes de cohabitation au cours desquelles les Français débarquaient dans les conférences internationales avec un président *et* un premier ministre, mais un seul micro.

Les incongruités de la Cinquième République n'excusent pas cet archaïsme outre-atlantique, qui coûte environ vingt millions de dollars et est financé en grande partie grâce aux dons de riches particuliers. Encore heureux que le nouveau président n'arrive pas à la Maison-Blanche la première semaine du mois de mars, comme c'était encore le cas il y a quatre-vingts ans ! Les historiens nous expliquent que ce délai date d'il y a deux siècles, à l'époque où il fallait un certain temps au nouveau chef pour rejoindre la capitale en empruntant des routes boueuses ou enneigées. Et puis, contrairement à la France avec ses hauts fonctionnaires qui font tourner la machine en permanence, le nouveau boss américain a besoin d'un peu de temps pour nommer les milliers de cadres sup' qui vont servir son administration...

Bref, la « transition » à l'américaine est un véritable rituel, un peu comme les vœux présidentiels et ministériels dans l'Hexagone qui s'éternisent jusqu'à la fin du mois de janvier et doivent bien consommer le quart des budgets annuels en champagne et autres amuse-gueules.

Si 78 % des Américains, selon un sondage Gallup, ont apprécié votre comportement pendant la transition, il faut tout de même reconnaître que vous avez mis un certain temps à maîtriser l'idée que, président désormais élu, vous n'étiez pas à l'abri des bourdes. Ainsi, lors de votre première conférence de presse après le 4 novembre, vous avez voulu faire un peu d'humour en faisant référence aux consultations de voyante de Nancy Reagan pendant son séjour à la Maison-Blanche. Non seulement votre blague n'a pas marché, mais en plus, vous avez été obligé de téléphoner à madame Reagan pour lui présenter vos excuses. Un peu idiot, quand même...

Un président (élu) des États-Unis, *Mister President*, ne se permet pas de chahuter ni les orphelins, ni les handicapés, ni une veuve, surtout lorsque celle-ci a été la femme du vénéré Ronald Reagan ! Un peu de politiquement correct, s'il vous plaît, et surtout plus de sérieux. Les électeurs d'une grande démocratie veulent un leader qui soit digne et qui, à tout moment, ait une stature présidentielle – ce que votre confrère français, Nicolas Sarkozy, met manifestement un certain temps à comprendre. Décontracté d'accord, mais un clown à la Maison-Blanche, on a déjà donné pendant huit ans avec Bush !

Ainsi, pendant les dix semaines de cette transition, vous avez curieusement écorné votre cote de popularité auprès de vos fervents adorateurs, tous ces pratiquants de l'Obamania qui par centaines de milliers assistaient à vos discours pendant la campagne, patientaient dehors sous une pluie battante quand les salles étaient combles et envoyaient leurs modestes contributions pour remplir vos caisses.

Vous connaissez comme moi ce vieux dicton washingtonien : « La campagne, c'est pour détruire vos ennemis, mais la transition, c'est pour anéantir vos amis ». Bien sûr, on déçoit forcément ceux qui vous ont entouré pendant la campagne et qui ont rêvé, en vain, d'être nommés à de hautes responsabilités. Mais, ces électeurs de base, fans de la rock star que vous êtes, voyaient en vous l'incarnation vivante d'un terme que vous avez rendu célèbre : le changement. Ceux-là, vous les décevez déjà, sidérés qu'ils doivent être de constater que parmi vos conseillers et ministres figurent autant de pneus rechapés de l'ancien régime, et notamment des vétérans de l'administration Clinton.

Certes, je comprends la volonté d'un nouveau président de ménager les électeurs centristes, en conservant par exemple au Pentagone le ministre de la Défense Robert Gates, nommé par Bush. Le bon vieux Gates, il faut l'admettre, a su clore le triste chapitre de Donald Rumsfeld, et ce geste rassure en partie ceux qui ont voté pour vous sans grande conviction. Je peux également approuver le besoin de vous entourer de personnes expérimentées, qui connaissent les rouages de Washington et tutoient déjà les *Movers and Shakers* (gens influents) de la capitale. Vous avez ainsi fait appel à Eric Holder pour la Justice, lui qui fut ministre adjoint sous Clinton (mais qui approuva en 2001 la décision fort contestée de gracier Marc Rich, le richissime hors-la-loi). Même chose pour cet urgentiste de la Grande Finance, Timothy Geithner nommé ministre des Finances et qui représente non pas le changement mais bien l'establishment discrédité de Wall Street (et qui a même approuvé l'énorme idiotie de laisser couler Lehman Brothers en septembre 2008).

D'une manière générale, votre dépendance à l'égard d'anciens protégés des Clinton est franchement curieuse. Pourquoi avoir ressuscité l'ex-Secrétaire au Trésor, Robert Rubin, un individu qui après avoir regagné le secteur privé contribua si habilement à mener la grande banque new-yorkaise Citigroup droit dans le mur ? Et je ne parle pas de la nomination de Rahm Emanuel comme secrétaire général de la Maison-Blanche, une position-clé qui lui permettra de filtrer votre accès au monde extérieur. Avez-vous choisi ce *congressman* pour son style un peu mafioso ? Ne savez-vous pas que c'est un homme qui, après l'ère Clinton, a profité d'un rapide passage dans le secteur bancaire pour s'enrichir de dix-huit millions de dollars ? À moins que ça ne soit son engagement comme volontaire dans l'armée israélienne en 1990 qui vous ait convaincu, afin de rassurer la communauté juive et ainsi de vous donner plus de liberté pour négocier avec l'Iran ? En tout cas, il n'a pas tout à fait le CV d'un réformiste à la mode Obama.

En tant que nouveau à la Maison-Blanche, vous bénéficiez encore d'un effet « lune de miel » (ou d'un « état de grâce », comme disent les Français), mais attention à ne pas *trop* décevoir vos grands fidèles, les Obamaniaques, car si jamais ils laissent s'éteindre la flamme de l'espoir que vous avez su allumer en eux, alors vous perdrez vos *Strelzy*, vos croisés, vos Gardes Républicains à la Saddam, bref, votre chair à canon pour le scrutin de 2012. Sans base, un homme politique est bien peu de choses. Et cela reste valable des deux côtés de l'Atlantique.

Mais, la plus grande nouvelle de la transition cuvée 2009 a été, bien entendu, votre décision de nommer madame Clinton au poste de ministre des Affaires étrangères. Quand j'ai entendu cette information à la radio, j'étais en train d'avaler mon café matinal et, du coup, je me suis très vite retrouvé la chemise complètement éclaboussée.

Quelle sottise ! Quelle énorme bêtise ! On se demande si vous avez bien réfléchi avant de faire ce choix ou si c'est comme l'un de ces mariages imbibés d'alcool que l'on célèbre en dix minutes à Las Vegas, sans publication de bans, ni bague ni témoin... et qui se terminent quelques semaines plus tard par un divorce, également à l'ombre des casinos. Ce qui est encore plus étonnant, c'est qu'elle ait accepté, cette Hillary qui ne parle aucune langue étrangère, n'est ni théoricienne de la *Realpolitik* comme Kissinger, ni experte de la scène internationale comme Condoleezza Rice ou Madeleine Albright. La sénatrice pit-bull de New York n'a aucune des qualités qui font un bon diplomate. Oubliant qu'elle a voté pour la guerre en Irak et ensuite menacé l'Iran d'un nouveau Hiroshima, elle estime sans doute qu'elle aura toutes les chances de devenir la première femme présidente en 2016 si elle parvient à négocier la paix entre Israël et les Palestiniens.

Surtout, va-t-elle véritablement jouir de votre confiance, ce qui est absolument indispensable pour un secrétaire d'État, comme nous persistons à vouloir appeler notre chef de la diplomatie ? « Un secrétaire d'État n'est efficace qui si cette personne parle directement au nom du Président, comme c'était le cas avec James Baker et George Bush (père) de 1989 à 1992 », explique d'ailleurs le spécialiste de la politique étrangère au *New York Times*, Thomas Friedman. « Sinon, les présidents et premiers ministres du monde reçoivent poliment le ministre américain, mais en regardant leur montre ».

Je vous pose donc la question, *Mister President* : êtes-vous prêt à accorder votre entière confiance, à celle qui, selon vous, n'a comme expérience de la politique étrangère « que des cérémonies de thé dans les ambassades » et que des membres de votre équipe ont qualifié de « furie », de « harpie » et même de « monstre » pendant les primaires ? Admettez que vous-même avez souvent été blessé par ses propos, et je doute fort que les plaies soient déjà refermées.

Laissez-moi vous remettre en mémoire les sarcasmes de cette dame, qui se moqua de votre éloquence en termes à peine voilés un jour que sa campagne l'avait amenée dans l'État du Rhode Island : « Je pourrais vous dire, on va tous s'unir pour que les cieux se dégagent, laissent entrevoir un rayonnement céleste et un chœur d'anges qui chantent, et le monde sera parfait. Mais moi, je n'ai pas d'illusions »

Cette femme qui vous caricaturait naguère en marchand d'illusions s'occupera donc désormais de votre diplomatie ? Et son mari, un homme que vous ne supportez pas, sera-t-il quant à lui forcé de rendre public *tous* ses juteux contrats avec les nombreux dictateurs du Tiers Monde ? J'ai quelques craintes... Sans compter que votre nouveau secrétaire au Commerce, Bill Richardson, un autre candidat malheureux à la Maison-Blanche, est presque aussi apprécié par les Clinton qu'Éric Besson l'est de ses ex-camarades socialistes. Certains membres de votre entourage ont essayé de faire avaler la pilule en mettant en valeur le dynamisme des ambitions rivales, au sein de votre cabinet ministériel. C'est bien pire !

« Il ne s'agit pas tant de rivaux que d'ennemis mortels. Avec de tels collègues, qui a besoin des républicains ? », s'en est amusé le comique Jon Stewart dans sa très populaire émission politique, *The Daily Show*.

Franchement, *Mister President*, même la Gauche plurielle en France a commencé sa vie sous de meilleurs auspices.

2

Bienvenue chez vous, *Mister President*, bienvenue à la Maison-Blanche. Pendant quatre ans (voire plus si affinités avec les électeurs), vous et votre famille allez disposer d'une modeste villa de 132 chambres et d'une superficie totale de 5 000 mètres carrés à faire pâlir d'envie l'ancien ministre français des Finances, Hervé Gaymard, dont l'humble demeure ne représentait que 600 mètres carrés.

Bien entendu, vous allez partager cet espace avec d'autres, notamment une centaine de domestiques, vos conseillers qui auront leur bureau dans la *West Wing*, tous les journalistes cantonnés dans la salle de presse... sans parler des nombreux touristes qui visitent le bâtiment tous les jours. En fait, la seule partie de la maison où vous pourrez rôder tranquillement en pyjama est celle qui est exclusivement réservée à la famille présidentielle, au premier et au deuxième étage.

Quelques menus conseils, si vous le permettez.

D'abord, n'oubliez jamais que la Maison-Blanche nous appartient, à nous le peuple américain. Aussi, un peu de modestie et beaucoup de respect pour ces lieux. Vous n'en êtes que le locataire, sans loyer à régler. Vous feriez mieux d'éviter le genre de libertés que se sont autorisés les Clinton, qui se permettaient d'inviter certains de leurs riches donateurs à venir passer une nuit dans la *Lincoln Bedroom*, l'ancienne chambre à coucher d'Abraham Lincoln. De même, pour toute liaison extraconjugale (sait-on jamais...), il est préférable de prendre une chambre d'hôtel (le *Sofitel Lafayette* en face propose des doubles à seulement 450 dollars la nuit, discrétion assurée) voire d'opter pour une étreinte rapide sur la banquette arrière de votre Cadillac blindée. Mais surtout pas de ça sous le toit du peuple ! Un certain nombre d'entre nous, pauvres contribuables, sommes des puritains !

Allez-y aussi tout doux avec les aménagements afin de ne pas passer pour un profiteur. Il est vrai que presque tous les présidents ont fait des modifications (la piscine pour FDR, quelques trous de golf pour Eisenhower, le bowling pour Nixon...) et que j'approuve sans aucune hésitation votre désir de faire installer un petit terrain de basket à la Maison-Blanche. Pourquoi pas à la place du golf, un sport à l'image du parti républicain, inaccessible au peuple, à la différence du basket. Mais de grâce, de la modestie !

Ah, un détail important : ne soyez pas surpris si à la fin de chaque mois passé à la Maison-Blanche, le personnel vous apporte une facture pour vos divers consommations alimentaires. Nancy Reagan a eu un choc la première fois, mais, c'est normal : le chef d'État ne mange pas gratis, sauf lors des dîners officiels, qui passent en note de frais. Pas d'inquiétude, vous devriez vous en sortir puisque vous serez encore mieux rémunéré que Nicolas Sarkozy avec vos 27 000 euros de salaire mensuel.

Je sais bien que cela vous ennuie de quitter votre maison familiale à Chicago, mais c'est la rançon de la gloire. En revanche, votre décision de scolariser vos deux gamines dans une chiquissime école privée, *Sidwell Friends*, m'attriste un peu, comme lorsqu'un ministre de l'Éducation nationale en France (Luc Ferry) a inscrit ses enfants dans le privé pendant son mandat. Non seulement cela va vous coûter une fortune (30 000 dollars par enfant), mais surtout, c'est un désaveu cinglant aux efforts entrepris par le maire de Washington, Adrian Fenty, pour améliorer les écoles publiques de cette ville. Je me souviens que Jimmy Carter avait scolarisé sa fille Amy dans le public, et depuis celle-ci mène une vie tout à fait normale (après il est vrai avoir créé le scandale à l'âge de onze ans parce qu'elle lisait à table pendant un dîner officiel).

Sinon, il va de soi que vous pourrez faire un usage illimité du Boeing 747 présidentiel, *Air Force One*, et de l'hélicoptère *Marine One* qui sera fort utile pour vous mettre au vert à Camp David, votre refuge dans les forêts voisines du Maryland. Savez-vous que vous serez le premier président depuis des lustres à ne pas avoir votre propre résidence secondaire (sauf si l'on considère votre maison à Chicago) ? C'est tant mieux, car après Bush, recordman absolu des vacances présidentielles, nous avons immensément besoin d'un chef de l'État qui travaille pour de vrai.

À ce propos, pour votre job quotidien, cela se passe dans le Bureau ovale (65 mètres carrés) ou, en temps de crise militaire, au sous-sol, dans les 450 mètres carrés du bunker de commande, la *situation room*. Rassurez-vous, en cas de besoin, vous pouvez vous y rendre en pyjama car cette pièce est reliée à vos appartements par un ascenseur privé.

Hélas, comme tant d'autres présidents avant vous, vous trouverez certainement que la Maison-Blanche ressemble à une cage dorée, ou comme disait Harry Truman à « une prison de luxe ». Et vous n'y pourrez rien ! L'Amérique, notre beau pays, se trouve aussi être une pépinière de cinglés ayant un accès facile aux armes à feu de tout calibre. Et des milliers de déséquilibrés se feraient sans nul doute une joie de vous descendre et de laisser ainsi leur marque dans l'Histoire. Alors, soyez agréable avec les gorilles du *Secret Service* qui vous ont déjà choisi des noms de code. Pour vous, c'est *Renegade* et pour Madame, *Renaissance*. La seule ambition de ces types baraqués et peu avenants, c'est de vous garder enfermé le plus souvent possible. De temps en temps, il va donc falloir insister pour pouvoir faire quelques pas dehors, sinon vous resterez éternellement dans cette bulle, coupé du peuple américain.

Dernière chose : ne changez rien avec le petit personnel de la Maison-Blanche, la presse à Washington vous surveille de près. Lorsque Nixon a envisagé de nouveaux uniformes avec épaulettes, un peu dans le genre Opéra-comique, pour la demi-douzaine de valets, on l'a accusé de vouloir se donner plus d'importance. Si, il y a deux siècles, il a été question de faire de notre premier président, George Washington, un roi à l'anglaise, n'oubliez pas que depuis Thomas Jefferson, notre troisième président entre 1801 et 1809, les révérences ont été bannies à la Maison-Blanche. Nous avons préféré laisser le faste des coutumes monarchiques à la République française...

À part cela, faites comme chez vous, *Mister President*.

3

Qu'est-ce j'apprends, *Mister President* : il existe sur Internet le répertoire des lieux qui ont marqué votre vie à Chicago ?[1]

Ainsi, rue View Park, on peut voir votre premier appartement, votre domicile conjugal pendant douze ans avant que les droits d'auteur que vous avez touchés pour votre best-seller *Rêves de mon père* ne vous permettent d'acquérir une belle maison dans le quartier de Kenwood.

Ensuite, on peut découvrir votre librairie préférée sur East 57e Street, et puis votre cantine, la cafétéria *Valois* sur East 53e Street où vous déjeuniez presque tous les jours

1. http://www.chicagotribune.com/travel/chi-obama-chicago-htmlpage,0,7487472.htmlpage

avant de partir à Washington comme sénateur, et aussi la Faculté de droit sur East 60e Street, là où vous avez enseigné pendant dix ans et acquis une certaine éloquence, sans oublier le *barber shop* où l'on vous a coupé les cheveux pendant vingt ans.

Côté vie intime, sur East 53e Street, on nous signale l'endroit où se situait autrefois le glacier *Baskin-Robbins* : c'est ici que vous avez échangé votre premier baiser avec Michelle. Et n'oublions pas *Spiaggia*, le restaurant où vous dégustiez en tête à tête des Saint-Jacques cuites au feu de bois.

La liste est loin d'être close : il y a aussi votre terrain de basket, le centre culturel où vous avez célébré votre mariage, le cabinet Sidley & Austin où vous avez rencontré Michelle, l'hôtel *Hyatt-Regency* où vous avez suivi les résultats du scrutin, Grant Park où vous avez parlé à la foule, et puis...

Stop ! Je n'en peux plus !

Tout cela me rappelle curieusement mes années de journaliste à Jérusalem, une ville où chaque dalle qu'aurait pu fouler Jésus de Nazareth est marquée d'une plaque commémorative.

J'aimerais vous prévenir de ne pas tomber dans le culte de la personnalité, mais j'ai peur qu'il ne soit trop tard : certains admirateurs vous ont déjà élevé au niveau du Che, ce barbu christique qui décore aujourd'hui des millions de T-shirts à travers le monde.

Votre pire ennemi et votre pire conseiller, *Mister President*, c'est l'Obamania, qui risque vite de tourner vinaigre lorsque ces idiots d'électeurs vont s'apercevoir que votre politique ne peut pas enrichir tout le monde, y compris les fainéants. Tous ces lieux saints de Chicago mentionnés sur Internet deviendront alors votre chemin de la croix.

Afin d'éviter ce destin, il va vous falloir être à la hauteur d'une tâche immense : rester simple tout en étant, comme disent les Américains, *Leader of the Free World*. Un titre qui ne vous est contesté à ce jour que par l'occupant actuel de l'Élysée, qui sait lui aussi à quel point un mandat populaire peut enivrer.

Permettez-moi de vous exprimer mon inquiétude sur cet aspect car je vois poindre chez vous, depuis quelque temps, certains signes présomptueux.

Vous vous exprimez de plus en plus souvent en employant le « nous » des empereurs au lieu du simple « je » citoyen. Interrogé pour savoir quel acteur pourrait vous représenter au cinéma, vous n'avez pas refusé de jouer le jeu mais désigné Will Smith, certes au motif qu'il a comme vous des oreilles décollées.

Souvenez-vous aussi de votre visite devant les gouverneurs démocrates en 2008, alors que vous n'étiez encore que candidat : vous avez affiché sur le pupitre une espèce de devise présidentielle en latin : *« Vero possimus »*. En bon anglais : *yes, we can*. En latin, cela prenait un je ne sais quoi d'impérial... et les gloussements de l'assistance ont conduit à le retirer promptement. Pendant le même été, vous avez effectué votre tournée à l'étranger dans un avion qui ressemblait étrangement à *Air Force One*. Et il faut bien reconnaître que les Allemands ont été choqués par votre demande de faire un discours devant la porte Brandenbourg, rien que ça ! Ils vous ont répondu par un *« Nein »* assez sec. Votre allocution devant la convention démocrate à Denver s'est déroulée devant un décor néo-classique, avec des colonnes grecques un peu trop ostentatoires pour le parti du peuple que sont censés être les démocrates. Même les socialistes français, confortablement installés dans un hôtel particulier rue de Solferino, se la jouent plus modeste.

« Ce n'est pas quelqu'un mal à l'aise avec les signes extérieurs du pouvoir », a pudiquement résumé l'hebdomadaire britannique *The Economist*.

Continuant à faire la sourde oreille à ces critiques pendant la période de transition, vous avez changé le ridicule slogan *« Vero possimus »* pour un autre, empreint du même cérémonial d'opérette : *Office of the President-elect* (Bureau du président-élu). On dirait que vous avez véritablement besoin de convaincre.

Soit, vous avez gagné le droit à une certaine autosatisfaction, car vous avez réussi votre élection au Sénat à la première tentative, idem pour l'investiture démocrate et aussi pour la présidence. Un très beau tiercé dans l'ordre, mais le plus difficile reste à venir : refaire le monde, comme promis. Maintenant, vous allez vous apercevoir que Jésus et le Che ont un léger avantage sur vous, *Mister President* : ils sont morts et ne peuvent donc plus décevoir.

4

Le centre de détention à Guantánamo, *Mister President*, c'est notre mur de Berlin.

Vous souvenez-vous des mots de Ronald Reagan en 1987 dans la capitale allemande, le discours le plus célèbre d'un président américain depuis celui de John Kennedy pour son investiture ? Devant la porte de Brandebourg, le Californien avait lancé : « Démolissez ce mur, monsieur Gorbatchev ! » Qu'ils soient de gauche ou de droite, les Américains se sont tous sentis solidaires de ces propos, surtout lorsqu'ils devinrent réalité deux ans plus tard.

Aujourd'hui, ces mêmes citoyens sont écœurés par cette geôle hors-la-loi située à la pointe de Cuba et devenue le symbole d'une grande démocratie ayant perdu sa voie pendant les années Bush.

Donc, mon conseil est simple : « Fermez cette prison, *Mister President* ! » Et sans tarder. Comme vous avez promis de le faire lors de votre candidature pour la prison et ses tribunaux militaires. Et surtout, ne vous laissez pas entraîner dans un long débat de juristes sur le sort des incarcérés.

Fin 2008, l'administration Bush, cherchant à se blanchir un peu devant l'Histoire, a annoncé qu'elle avait essayé d'en finir avec l'existence de ce lieu de tortures dites « douces », mais que pour des raisons de droit international, et d'après l'avis des juristes du ministère de la Justice, ce n'était pas possible dans l'immédiat. Que faire des prisonniers ? Quel statut auraient-ils ? Où iraient-ils ? Bref, il n'y avait que des obstacles.

En vérité, Bush a décidé avec cynisme de ne pas fermer Guantánamo dans les derniers mois de son mandat afin de vous laisser ce cadeau empoisonné : la responsabilité d'une fermeture – et la responsabilité politique qui va avec. Si jamais une deuxième attaque, même mineure, affecte des civils américains, les républicains pourront justifier l'abrogation des droits civiques décidée en 2001 et la création de Guantánamo, par la nécessité supérieure de protéger les citoyens.

Foutaise ! Le 11-Septembre a tout simplement servi de prétexte à ces républicains, agents du FBI manqués, qui depuis toujours guerroient contre les libertés individuelles, que ce soit contre l'absence de carte d'identité nationale ou contre le droit d'un détenu à garder le silence. Ces républicains sécuritaires tel Richard Cheney ont longtemps rêvé, par exemple, d'instaurer en Amérique une garde-à-vue et une détention provisoire à la française. Avec Guantánamo, Bush leur a mis le pied à l'étrier.

Le scandale d'Abou Ghraib, il me semble, a scellé la fin à ces aspirations d'une société américaine en permanence plus contrôlée, plus verrouillée et plus surveillée par des milliers de petits Fouché. Ironie de l'histoire : c'est grâce à la photo numérique, à ces images prises dans la lointaine prison de Bagdad et montrant à tous de manière incontestable les bassesses dont étaient capables de « bons » Américains en uniforme, qu'on a compris que le pire était arrivé. Avec ces quelques dizaines de clichés, nous avons perdu notre présumée supériorité morale. À toujours justifier les moyens, on finit par s'abaisser au niveau de son adversaire.

Surtout sur la question de la torture, que vous et votre rival républicain John McCain avez fortement dénoncée pendant la campagne, le monde attend qu'on en finisse définitivement. Et le monde n'a pas tort. Une étude du Sénat, publiée en décembre 2008, indique que Donald Rumsfeld, l'ancien chef du Pentagone, est le principal responsable de ces pratiques inhumaines, et qu'il avait reçu l'approbation des hommes du président Bush. Sur ce point, aucune surprise. Les méthodes de Rumsfeld provenaient d'études, archivées au Pentagone, sur la torture pratiquée par les Chinois au cours de la guerre de Corée pour obtenir des « confessions » à usage de propagande de la part de prisonniers de guerre américains. Si vous voulez vraiment le changement, il faut commencer avec Guantánamo. Une honte.

Cependant, je crains que vous aussi ne soyez victime de notre paranoïa ambiante de l'après 11-Septembre, ou même que vous feigniez de l'être. Par exemple, à la suite des événements de Bombay, où quelques terroristes arrivés en Zodiac ont terrorisé la ville, vous avez repris l'expression « Guerre contre la terreur ». C'est dommage, bien dommage, car cette « guerre » fictive a permis de justifier toutes les décisions douteuses de Bush et Cie en jouant sur la peur des Américains. Je suppose que votre idée consiste à rassurer les électeurs sur le fait que quelqu'un portant le nom de Barack *Hussein* Obama n'oubliera pas de les protéger. Soit. L'homme politique que vous êtes a aussi le droit d'exister.

Probablement sans grand effet à part un effet d'annonce, vous comptez réduire l'État policier que Bush et Cheney ont voulu installer dans notre pays. Vous avez les moyens de le faire progressivement à travers vos nominations et en donnant des consignes strictes en ce sens une fois que vous serez installé à Washington. Pas besoin de demander un changement de législation au Congrès. Le *Patriot Act* voté en octobre 2001 restera en vigueur, hélas, mais le droit d'espionnage à la *Big Brother* qu'autorise cette loi si controversée, vous pouvez le reléguer aux oubliettes et faire en sorte qu'il soit à présent lettre morte.

Parmi les mesures de l'après 11-Septembre qui méritent de s'éteindre dans le silence, je pense notamment à la loi appelée *Real ID*, qui instaure une espèce de carte d'identité nationale sans dire son nom. Ce texte, qui fut adopté par un amendement sans rapport avec une autre loi, n'a jamais été sujet de débat au Congrès. Il oblige les cinquante États à adopter des moyens (coûteux, il faut dire) pour sécuriser l'émission des permis de conduire, car Hani Hanjour, qui pilotait l'avion qui s'écrasa sur le Pentagone (un avion fantôme si l'on croit Thierry Meyssan), détenait la carte rose de l'État de l'Arizona.

Peut-on vraiment empêcher de nouveaux 11-Septembre en transformant les permis de conduire en cartes d'identité ? C'est peu probable. Plus de sept ans après l'attaque et en dépit d'un système très onéreux de photos et de prise d'empreintes digitales des étrangers à l'immigration, nos services de surveillance restent incapables de préciser quel visiteur a décidé de rester illégalement sur le sol national après l'expiration de son visa touristique. Ces soi-disant contrôles ne sont qu'une farce aux relents fascistes, destinée à donner l'illusion aux citoyens américains névrosés que leur gouvernement remue ciel et terre pour les mettre à l'abri.

J'ajoute, *Mister President*, que votre ministre de la Sécurité intérieure *(Homeland Security)*, Janet Napolitano, a refusé ces cartes roses « sécurisées » lorsqu'elle était gouverneure de l'Arizona. Faites en sorte qu'on ne parle plus de ce genre de gadgets.

C'est sûr, ce Bush vous a laissé un véritable panier de serpents venimeux avec le dossier de Guantánamo car même sa fermeture ne vous dispensera pas de gros problèmes : ces détenus ne vont pas vous rendre la vie facile. À la fin de 2008, cinq d'entre eux ont annoncé qu'ils étaient bien coupables des accusations portées contre eux, notamment celle d'avoir tué 2 974 personnes un matin de septembre. Parmi eux, le cerveau de l'opération, Khalid Sheikh Mohammed. Cruel dilemme que cette confession collective tardive ! Allez-vous les laisser être condamnés à la peine capitale, comme le souhaitent encore des millions d'Américains traumatisés par le 11-Septembre ? Mais, pour accepter leur plaider-coupable et faire passer cette sentence, il faudra constituer un tribunal avec magistrat, le genre de procédure que vous avez dénoncé par le passé. Et si le verdict est bien la peine de mort, pourrez-vous envoyer des hommes à la potence, quel que soit leur acte, sans un véritable procès ? Cela équivaut à un suicide. Vous allez être obligé, je pense, de leur offrir un procès dans les normes pour ensuite les gracier et les envoyer dans une prison comme une autre – sans les faire passer par la case « martyrs » donc. J'entends déjà les hurlements de la droite américaine.

Votre opposition politique contestera toute décision visant à fermer Guantánamo, c'est une certitude, parce qu'on finira par libérer quelques combattants de l'islam qui ne désirent qu'une chose : nous attaquer. Mais, la majorité des détenus, comme Salim Hamdan, l'ancien chauffeur d'Oussama Ben Laden (qui fut renvoyé au Yémen en 2008 après sept ans d'incarcération) ne sont guère de grands méchants. Certains d'entre eux ne faisaient que se battre contre un envahisseur étranger sur leur sol, qu'il ait eu un mandat des Nations Unies ou pas. Pour les plus dangereux, vous n'avez qu'une option : sauf à les libérer dans le centre-ville de Washington, ils doivent retourner là où ils ont été capturés, en Afghanistan. Il ne faut absolument pas retarder la fermeture de

Guantánamo au prétexte qu'ils représentent une menace, Bush a déjà utilisé cet argument comme écran de fumée.

Que répondre aux critiques ? Une seule réponse : avez-vous si peu confiance en la puissance et la permanence de notre nation pour croire qu'une poignée de zozos armés soit capable de nous anéantir ? J'attends leur réponse, *Mister President*.

5

Vous avez hérité, *Mister President*, de deux guerres. Pour la première, en Afghanistan, la communauté internationale nous a épaulés, dans l'émotion qui a suivi l'attaque du 11-Septembre. Quant à la deuxième, en Irak, elle fut beaucoup plus contestée, et à l'heure actuelle nous sommes presque les seuls étrangers militairement présents dans ce pays (avec quelques Anglais sur le départ et, par exemple, quarante-six soldats arméniens).

Ces deux guerres sont vouées à l'échec. La position internationale de l'Amérique sera affaiblie tant que nous continuerons à nous battre sans possibilité de gagner, sans parler des dommages collatéraux causés aux finances de notre pays à un moment où la véritable bataille se trouve à Wall Street.

Malheureusement, pendant la campagne électorale contre John McCain, vous avez développé cette thèse assez simpliste : retirer progressivement nos troupes d'Irak pour les déplacer en Afghanistan. « Le conflit qui compte pour nous, c'est celui contre al-Qaida en Afghanistan » avez-vous déclaré, plus d'une fois.

Ce sont les mots d'un candidat à la recherche d'une formule qui soit populaire, mais aussi ceux d'un néophyte en politique étrangère, d'un débutant dans l'exercice de la guerre. Auriez-vous négligé vos cours d'histoire pendant vos études à l'université de Columbia ? Aucune puissance étrangère n'a pu s'imposer durablement dans ces deux pays, et surtout pas en Afghanistan qui n'est qu'un creuset de tribus et d'ethnies aussi méfiantes les unes des autres qu'elles sont lourdement armées. D'ailleurs, cet Afghanistan, le champ de bataille que vous avez choisi, est moins un pays qu'un cimetière pour troupes étrangères.

Pour l'instant, *Mister President*, vous misez sur la stabilité en Irak et souhaitez laisser nos troupes sur place. Est-ce que vous pensez vraiment que la présence de quelques milliers de soldats américains aidera ce pays à se stabiliser et à rejoindre les rangs des vieilles démocraties occidentales ou même les rangs des fausses démocraties du Moyen-Orient ? Êtes-vous aussi naïf que George W. Bush ?

No, sir ! Le jeu politique intérieur de l'Irak, après un quart de siècle de Saddamisme, se situe au niveau, et pas plus, de celui de la France, c'est-à-dire d'un combat à couteaux tirés quotidien entre factions, courants, tendances, partis, éléphants, présidentiables et rivaux, à la seule différence que les Français, dieu soit loué, ont abandonné la tradition de l'assassinat politique depuis celui de Jaurès en 1914. Arrêtons de chercher à établir une démocratie pour les Irakiens : c'est leur job.

Oui, je sais que vous avez formé un conseil de trois cents experts en politique étrangère pendant la campagne, et qu'ils se sont réunis quotidiennement pour vous informer sur l'état du monde. Tant mieux, mais cela ne donne qu'une connaissance théorique de la politique étrangère. Sur le terrain, comme au Vietnam ou en Irak, la réalité est parfois tout autre. Certains présidents américains ne l'apprennent que lorsqu'on leur lance une chaussure à la figure.

Et l'une des grandes vérités que vos conseillers civils n'ont pas osé vous avouer, c'est qu'en temps de guerre, la politique étrangère des États-Unis se décide depuis le Pentagone. Pourquoi ? Parce que nous sommes la première puissance militaire de la planète et que cela façonne la vision qu'ont de nous les autres pays – amis ou moins amis. Un gendarme, c'est rarement un pote comme les autres. Réduite à ces particules élémentaires, la relation que nous entretenons avec la vieille Europe n'est que le produit de deux sphères d'activité : le commerce et la puissance militaire (quant à la culture, on se satisfait du succès des films d'Hollywood).

Le conflit épique au sujet de l'Irak, notamment avec la France, a servi à cristalliser cette relation trans-Atlantique devenue si difficile. Pour les Gaulois, l'Amérique surpuissante voulait imposer sa loi sur des alliés réticents. Vu de Washington, c'était « Pourquoi dépenser une fortune tous les ans pour entretenir nos forces armées si Paris peut exercer un veto diplomatique pour leur utilisation ? » Depuis des années, les Français ne feraient que diminuer leurs dépenses militaires afin de se payer un État providence de rêve, avec vacances sans fin et services publics de luxe, tout en ayant leur mot à dire sur le destin du monde ? Autrement dit, les Français voudraient le beurre et l'argent du beurre !

À mon avis, les Français ne changeront jamais cette stratégie porteuse et peu coûteuse, et surtout pas sous le règne de Nicolas Sarkozy qui, ne l'oublions pas, occupera peut-être l'Élysée jusqu'en mai 2017, tandis que vous partirez au plus tard en janvier de la même année. Sarko sera donc votre croix à porter tant que vous resterez à la Maison-Blanche.

Dans ce cas, pourquoi ne pas battre ces trublions de Français, et les autres Européens pendant qu'on y est, à leur propre jeu ?

Oui, réduisons nos dépenses militaires. Pas facile à faire, je sais, mais c'est un geste qui pourrait s'avérer gagnant sur beaucoup de plans. Le ministre de la Défense Robert Gates va sûrement protester, car il compte augmenter nos forces armées de 92 000 hommes et femmes sur cinq ans. Mais il se prend pour qui, ce reliquat des années Bush ? Dites-lui plutôt de *réduire* les effectifs du même chiffre sur trois ans. Ensuite, faites programmer une mise en cale sèche de deux des porte-avions sur les treize opérationnels. Non seulement cela nous permettra de réaliser de sérieuses économies, mais en prime nous enverrons un message clair aux alliés qui, s'ils veulent un gendarme pour assurer le calme dans le golfe Persique et permettre aux tankers de continuer à approvisionner l'Europe en pétrole, ou s'ils désirent éviter un conflit désastreux entre Beijing et Taiwan, devront ouvrir un peu leur bourse, bon sang ! À l'heure qu'il est, nous dépensons plus de 4 % de notre PNB pour le militaire tandis qu'un pays comme la France ne débourse que 2,6 %. La paix dans le monde, ça se paie.

Il paraît que vous appuyez l'augmentation progressive du contingent (officiellement celui de l'Otan) en Afghanistan. Début 2009, nos *boys* sont plus de 30 000 là-bas, et l'on ne voit toujours aucune fin à ce conflit (oh, pardon, je voulais dire à cette mission de paix). Au lieu d'y mettre plus de *GIs* en renfort, demandez plutôt aux Européens de faire un effort. En avril 2008, les Français ont accepté l'envoi de mille hommes supplémentaires, mais depuis, ils ont été traumatisés par la perte de dix soldats lors d'une embuscade des Talibans. C'est toujours triste des pertes comme celles-là, je le sais, pour l'avoir vu de près. Mais ne faut-il pas redéfinir la mission alliée dans ce pays lointain avant d'y engloutir de nouveaux moyens ? Sommes-nous là pour éradiquer al-Qaida et son leader Oussama ben Laden ou pour chasser les Talibans ? Ou les deux ?

Si les Européens sont présents sur le terrain, c'est bien qu'ils considèrent qu'il existe un intérêt commun à pacifier l'Afghanistan, ce rêve impossible. En envoyant toujours plus de troupes, vous enlevez le poids de la responsabilité à des Européens trop contents de voir l'Amérique supporter seule ce fardeau. Quelle erreur ! Il faut plutôt leur poser cet ultimatum : 50/50 pour les effectifs et les frais de la mission, entre Washington et l'Europe. S'ils refusent, laissez-leur l'expliquer à leurs citoyens quand les Talibans reviendront aux affaires pour interdire toute scolarité aux jeunes filles, couper les mains aux voleurs et lapider les adultères. Qu'ils soient témoins grâce à la BBC, TF1 ou la RAI de ce qui peut arriver quand le gendarme du monde rentre chez lui. De toute façon, vous avez autant de chances de chasser les Talibans de chez eux que de bannir la droite religieuse de l'Amérique profonde.

Certains experts vous diront que la menace d'al-Qaida reste réelle, que ce groupe fonctionne désormais dans des régions tribales du Pakistan et que l'armée d'Islamabad n'ose pas ou ne veut pas vraiment l'éradiquer. Peut-être, mais je doute fort qu'en plaçant des gars du Kentucky dans les montagnes au sud de Jalalabad vous parveniez à trouver ces groupuscules, et encore plus à les éliminer. À moins que vous n'envisagiez de pénétrer un jour du côté pakistanais pour les déloger, et créer une véritable tempête anti-américaine dans le monde islamique par la même occasion ? Il ne manquerait plus que cela.

Non, *Mister President*, notre meilleure chance pour faire disparaître tous les ben Laden du monde ne passe pas par les armes. Elle consiste à adopter une politique équilibrée au Moyen-Orient, pour que le monde islamique ne nous voie plus comme le grand Satan.

Bon, j'ai un peu exagéré en indiquant que notre politique étrangère se décide ces temps-ci depuis le Pentagone. Seulement un peu. Nous possédons un équivalent du quai d'Orsay, le Département d'État, ou, comme on l'appelle familièrement *Foggy Bottom*, parce que son siège est situé dans un quartier de Washington souvent enveloppé par la brume (qui rend obscur le reste du monde). C'est depuis ce lieu qu'on s'occupe de la diplomatie, qui compte pour 3 % de notre politique étrangère mais 97 % de sa part médiatisée.

La diplomatie consiste, comme vous l'avez suggéré pendant la campagne électorale, à donner des gages d'amitié à nos alliés « en prenant le thé dans les ambassades ». C'est donc tout à fait naturel que vous ayez choisi Hillary Clinton, spécialiste en la matière, comme chef de votre diplomatie. En plus du Pentagone, elle va avoir un autre rival, au sein de la Maison-Blanche elle-même, car vous disposez également d'un *National Security Adviser* (conseiller pour la Sécurité nationale), un job pour lequel vous avez choisi le général James Jones, un ancien commandant de l'Otan qui a bien la carrure physique d'un général.

Les lignes sont tracées, les tranchées toutes creusées. Que la guerre commence !

Car en temps normal, le plus grand conflit à Washington se fait entre ces trois pôles de la politique étrangère, le Pentagone, le Département d'État et le *National Security Adviser*. Elle se mène à coups d'études, de rapports, de mémorandums, de conférences de presse, de fuites dans les médias, etc. Les autres conflagrations du monde ne pèseront pas lourds par rapport à cette concurrence infernale.

Comptez sur Hillary pour redorer son blason ; l'ancienne sénatrice de New York voit en effet dans son nouveau job l'occasion de vous contester les Unes du *New York Times* et du *Washington Post*, ainsi que les journaux télévisés de CBS, NBC, ABC, CNN et Fox. Hillary fera parler d'elle, c'est sûr. Et à mon avis, elle ne rendra jamais les armes dans cette guerre civile *intra muros* qui se prépare à Washington.

Seul point en commun que partagent les combattants Clinton, Jones et Gates ? Ils se sont tous les trois déclarés en faveur de la guerre en Irak, contrairement à vous. Amusez-vous bien, *Mister President*.

6

Pour la première fois, l'idée d'une assurance maladie nationale, une Sécu à l'américaine, a joué un rôle dans la campagne présidentielle, *Mister President*. Vous avez proposé une réforme du système actuel. Mais à présent, qu'allez-vous faire ?

Pas grand-chose, probablement, vu la complexité du problème. Une preuve supplémentaire que la campagne, c'est du passé.

Et pourtant, sondage après sondage, on découvre que 75 % des Américains veulent un changement dans le paysage des assurances médicales, même si cela doit leur coûter plus cher.

Je crois que la motivation principale derrière ce désir, c'est l'angoisse de tomber très malade un jour et de voir les économies d'une vie balayées par des frais hospitaliers, même si on est assuré. Souvenez-vous du cas de l'acteur Christopher Reeve, celui qui jouait Superman : il tomba de son cheval et fut paralysé le reste de sa vie. Son assurance médicale privée comportait un plafond de remboursement d'un million de dollars à vie, une somme considérable mais insuffisante pour couvrir les soins à long terme dont il avait besoin (il mourut finalement à l'âge de cinquante-deux ans).

Traumatisé par cet incident, Monsieur Tout le monde s'est dit : « Si cela peut arriver à Superman, et moi alors ? » Le cinéaste Michael Moore, dans son film à charge *Sicko*, s'est penché sur le cas de ces « pas assez assurés ».

Votre dilemme, c'est que l'Amérique de la santé (où la dépense *per capita* pour les soins est supérieure à celle des Français) n'est qu'une mosaïque fragmentée. D'un côté, il y les « heureux », ceux qui sont plutôt bien assurés par le privé (avec le concours de leur employeur dans la plupart des cas), auxquels on peut ajouter ces trois catégories d'Américains assurés par l'État : les personnes âgées, les pauvres et les enfants (mais pas tous).

De l'autre côté, il y a les « malheureux » : les gens peu, mal ou pas du tout assurés.

Pour commencer, examinons quelques stéréotypes sur la nature du problème aux États-Unis. Tout d'abord, non, les malades ou les victimes d'accidents qui ont besoin de soins urgents ne meurent pas à l'entrée de l'hôpital, faute de pouvoir payer. Les hôpitaux du secteur public s'en occupent pour ensuite faire passer le coût sur les frais généraux. Bien sûr, on demande à ces patients de payer s'ils en ont les moyens mais, nulle part au monde, il n'existe de système de soins sans payeur. Partout, c'est l'individu en fin de compte qui débourse, soit via son bulletin de paie (France), soit via son avis d'imposition (Angleterre), soit via sa carte Visa (Amérique).

Ensuite, oui, il existe entre quarante et soixante millions d'Américains sans couverture, mais plus de la moitié d'entre eux choisissent cette voie librement, parce qu'ils sont jeunes et en bonne santé et ne veulent pas payer ou parce qu'ils sont aisés et considèrent qu'ils peuvent régler leur facture chez le médecin en cas de besoin. On peut contester la logique de leur décision, mais c'est leur droit dans un pays où le Club des jacobins n'a pas laissé sa marque. Et puis, il y a aussi ces huit à dix millions de sans papiers qui n'ont aucune couverture et se font soigner comme ils le peuvent dans des dispensaires publics ou grâce à des œuvres charitables.

La réforme proposée pendant votre campagne, *Mister President*, n'obligerait toujours pas ces particuliers à s'assurer, et voilà justement le problème. Vous favorisez un système qui encourage les non assurés à se payer une couverture, avec une aide publique, mais pas beaucoup plus. Pire, vous êtes resté dans un flou qui convient à un candidat mais pas du tout à un président qui désire réellement une réforme. Voici votre proposition :

« Réduire les coûts médicaux de 2 500 dollars par famille moyenne en investissant dans l'informatisation des données sanitaires, la prévention et la coordination des soins ».

Bravo pour ce bel exemple de langue de bois d'homme politique !

Bas les masques ! Vous n'arriverez pas à construire une bonne structure de couverture médicale sur les bases de notre système de gabegie privé-public actuelle. Et cela pour plusieurs raisons. Le lobby anti-réforme est toujours sur le qui-vive, prêt à vous assaillir au moindre signe de mouvement. Ils vont de nouveau hurler « socialisme ! » à toute tentative de législation.

Autre faille fatale du secteur privé dans le domaine de la santé : personne ne veut assurer les malades. Tous les assureurs ne lorgnent qu'en direction des gens robustes et en parfaite santé. Admettons tout simplement que le libéralisme et la loi du marché ne s'appliquent pas universellement. C'est une vérité que vous n'avez pas encore acceptée, à en juger par votre programme, alors que votre ancienne rivale, Hillary Clinton, semble l'avoir comprise car pendant les primaires elle soutenait davantage l'instauration d'une véritable Sécu.

La seule possibilité, en effet, c'est de mettre en place un système qui ressemble à celui des Français ou des Anglais par sa nature obligatoire – tout le monde y participe, comme avec la retraite par répartition que Franklin Roosevelt a instaurée en 1935. Dur à concevoir dans le pays du cow-boy libéral, où les gens bien portants fuient toute couverture privée, jusqu'à la cinquantaine, ne laissant s'assurer que des souffreteux, forcément au prix fort. Mais ces mêmes cow-boys, arrivés à l'âge de soixante-cinq ans, ils ne refusent pas leur pension, hein ? Alors pourquoi pas l'assurance médicale ?

Regardez mon propre exemple, *Mister President*. Jusqu'à l'âge de quarante-cinq ans, je pétais la forme, comme on dit ici, et j'allais chez le médecin une fois tous les quatre ans peut-être. En tant que journaliste salarié, je bénéficiais d'une couverture via mon employeur, mais si j'avais été avocat, artiste ou travailleur indépendant, je n'aurais probablement pas voulu payer 3 000 dollars par an de ma poche pour une assurance médicale. Cet argent, je l'aurais plutôt dépensé pour une bagnole neuve, car les mots « jeune » et « con » sont souvent synonymes.

Dans un monde parfait, vous convaincrez le Congrès d'adopter la Sécu française comme modèle théorique en y apportant une ou deux modifications importantes : la présence sur le terrain de trois ou quatre « Sécu » au lieu d'une seule, monopolistique et par conséquent peu motivée pour rechercher l'efficacité. Tout assuré américain pourrait choisir ou changer de fournisseur, comme un Français peut aujourd'hui opter pour tel ou tel opérateur téléphonique. L'assuré américain devra donc cotiser, mais il pourra diriger ce paiement vers qui il veut, ce qui ouvrira la voie à une saine concurrence.

Et puis autre réforme à laquelle les Français seront eux aussi un jour contraints de réfléchir : limiter le droit de se faire rembourser pour un nombre de visites chez le docteur qu'on souhaite sans limites. La Sécu, d'accord, mais le trou, on n'en veut pas.

Autre chose : votre adversaire républicain, le sénateur John McCain, n'avait pas tort sur un point. Les litiges pour faute médicale chez nous dépassent les bornes et ont un effet pervers. Un médecin américain va ordonner à un malade toutes sortes d'examens coûteux mais pas nécessaires, uniquement pour se couvrir en cas de procès. McCain s'est attaqué à ce problème parce qu'il n'est pas avocat, un métier qui domine au Congrès (comme les fonctionnaires à l'Assemblée nationale) ; ce qui explique le refus catégorique d'une loi qui plafonne les dommages et intérêts. À l'avocat que vous êtes de nous montrer que vous pouvez penser au bien du pays.

Prouvez-moi donc que vous préparez autre chose qu'une simple réformette, un petit replâtrage à l'américaine pour sauver les apparences. De temps en temps, *Mister President*, on ferait bien de se dire, *The French are right !* (Les Français ont raison !)

7

Yale, Harvard, Princeton, Oxford, Cambridge. Le pedigree universitaire de vos ministres et de vos conseillers, *Mister President*, laisse peu de doute sur le fait que vous préférez faire confiance à l'intelligence de notre pays, ou en tout cas aux diplômés des facultés élitistes, que ce soit chez nous ou à l'étranger.

Depuis le célèbre *Brain Trust* (« Conseil des cerveaux ») qui guida Franklin Roosevelt dans les années 1930, avec plus ou moins de succès, votre cabinet réunit la plus impressionnante collection de surdoués. Avez-vous par hasard voulu copier les Français, qui tremblent de peur si jamais l'un de leurs dirigeants n'est ni énarque ni polytechnicien, comme c'est le cas avec leur président actuel ?

En vérité, je sais bien que les présidents démocrates ont tendance à faire appel aux universitaires, pour mieux ignorer leurs précieux conseils la plupart du temps ensuite. Cet amour des profs serait-il mu par une sorte de nostalgie de leur jeunesse heureuse et sans souci sur le campus ? Les chefs d'État du parti opposé convoquent plutôt à Washington des hommes d'affaires, comme l'a fait l'ancien entrepreneur George W. Bush, en souvenir des douces stock-options d'antan. Conséquence : une guerre en Irak gérée par Halliburton, l'ex-entreprise de son vice-président Dick Cheney. Un grand merci à ce duo gagnant du secteur privé !

Hélas, les intellos ne font guère mieux. Un autre président démocrate a fini par regretter d'avoir ainsi placé sa confiance dans ces crânes d'œuf qui le poussèrent à adopter tête baissée une politique carrément erronée dans le dossier « Vietnam ». Lyndon Johnson, qui fut pourtant le politicien le plus instinctif de la deuxième moitié du XXe siècle, accepta trop souvent les conseils d'un cercle de penseurs, hérité de l'administration Kennedy – parmi eux, les deux Bundy, William et McGeorge, Eugene Rostow et

Robert McNamara, le Donald Rumsfeld de l'époque. Leur faillite collective, qui coûta la vie à plusieurs millions de Vietnamiens et à 60 000 soldats de nos troupes, inspira le titre moqueur d'un célèbre livre-enquête du journaliste David Halberstam : *The Best and the Brightest* (Les meilleurs et les plus doués).

Alors prenez plutôt exemple sur les Français qui savent mieux que personne ne jamais laisser trop de pouvoir entre les mains des penseurs, qu'ils adorent par ailleurs. Il existe bien sûr des exceptions à cette règle, Luc Ferry à l'Éducation nationale par exemple. Un succès ! Même Mickey Mouse aurait fait mieux.

Un intello, voyez-vous, ça sait plonger le nez dans les livres en ignorant la vie quotidienne. Regardez ce sourd aveugle de Ben Bernanke, président de la Fed, notre banque centrale, qui n'a pas vu la bulle immobilière gonfler juste sous son nez. Il ne conversait donc jamais avec son coiffeur, cet homme ? Il n'écoutait pas les chauffeurs de taxi ou le postier du coin ? N'importe qui aurait pu lui dire que les taux d'intérêts, qu'il maintenait trop bas par fidélité à son imbécile de prédécesseur Alan Greenspan, donnaient un sacré coup de fouet aux prix immobiliers. Cet ancien professeur d'économie à Princeton, grand expert de la Grande Dépression, j'espère bien que vous allez le remercier à la fin de son CDD en 2010 !

Un prof qui a l'habitude d'étaler ses connaissances pendant les cours magistraux ne souffre pas qu'on le contredise. C'est pour cela qu'on dit d'un universitaire qu'il habite dans une tour d'ivoire, enfermé dans ses certitudes, à l'inverse des politiques qui sont toujours prêts à changer de cap pour gagner en popularité – la position sur l'Europe de l'ancien Premier ministre socialiste Laurent Fabius étant le parfait exemple de cet opportunisme.

En somme, je crains le pire pour votre administration, car le brassage est loin d'y être satisfaisant (sauf dans le domaine ethnique). Il y a beaucoup trop de QI stratosphériques. Et puis, au sein de votre équipe restreinte de la *West Wing*, je compte quatre anciens camarades d'Harvard. C'est-à-dire, vos jumeaux, puisque pendant vos trois années à la fac de droit, vous avez tous lu les mêmes textes, mangé à la même cantine, et écouté les mêmes profs. Lorsqu'on est issu du même moule, Halliburton ou Harvard, ce ne fait aucune différence !

D'autant plus que l'humilité n'est pas la première des qualités des *Harvard boys*. Lors des matchs de football de cette université du Massachusetts, si l'équipe adverse est en train de gagner, ces petits arrogants scandent depuis les tribunes :

« *Hey, hey, that's OK.*

You're going to work for us some day ! »

(Hé hé, c'est Ok !

Un jour, vous bosserez pour nous !)

J'ai rencontré des énarques qui font preuve d'un peu plus de modestie.

N'oubliez pas que le reste de l'Amérique ne partage pas votre respect pour les cerveaux professionnels. Si l'électeur français se sent rassuré par une forte présence de diplômés de haut niveau dans son gouvernement, des individus auxquels il accorde sa confiance autant qu'il en accorde à son médecin, chez nous, le courant anti-intello reste fort, dans le domaine politique comme dans la vie privée. Il existe même une certaine fierté à être ignorant. L'Américain moyen croit autant à l'existence des Ovni qu'aux théories de l'évolution de Darwin, et 20 % de la population adulte pense que Galilée n'a jamais existé car ils considèrent que c'est le soleil qui tourne autour de la terre.

En outre, ce nouveau *Brain Trust* risque de confirmer l'image que Hillary a essayé de vous coller pendant les primaires : ancien professeur adjoint de droit à l'université de Chicago, vous seriez un personnage cérébral, froid et détaché. Il faut dire que les intellos n'ont jamais eu beaucoup succès, même chez les démocrates. Il n'y a qu'à consulter la longue liste des naufragés de la politique comme Eugene McCarthy, Gary Hart, Paul Tsongas, Bill Bradley, Howard Dean... Tous ceux-là ont été privés de l'investiture. On peut ajouter l'admirable Adlai Stevenson, qui lui fut deux fois candidat et deux fois battu par le général Eisenhower. Vous me direz que tous les présidents depuis Ronald Reagan, vous y compris, ont fait des études dans une fac d'élite. C'est vrai, mais ils ont tous cherché à compenser en jouant au type lambda sachant à peine écrire son nom : Clinton racontait des histoires d'éleveur de porc de l'Arkansas et Bush père dissimulait autant qu'il le pouvait un certain raffinement aristocratique (il parle même le français !). Quant à Bush Junior, bien qu'il soit sorti de Yale et de la *Harvard Business School*, son ignorance était authentique.

John Kennedy, lui aussi issu d'Harvard, faisait exprès de jouer non pas au polo mais au foot américain avec sa famille (et toujours devant les photographes de presse) pour faire comme tout le monde. Vous avez intérêt à suivre cet exemple car pendant la campagne, vous avez fait preuve pendant les débats d'un niveau intellectuel dangereusement élevé.

« John McCain nous parlait avec un niveau de deuxième année de collège et Obama avec un niveau de seconde au lycée », a ainsi noté Nicholas Kristof, chroniqueur du *New York Times*. Quel miracle que vous ayez été élu !

Et maintenant, ce sera quoi votre « truc » populo, votre antidote anti-intello à la Kennedy ? Le basket ? En tout cas, je vous conseille de le trouver bien vite, *Mister President*.

8

Comme tous les Américains, *Mister President*, je me souviens parfaitement de votre conversation pendant la campagne avec « Joe le plombier » dans l'Ohio, et de ces propos si risqués que vous avez tenu :

« Il faut qu'on redistribue un peu la richesse », lui avez-vous dit afin de lui expliquer pourquoi vous proposiez de taxer davantage les PME.

Shocking !

J'ai failli tomber à la renverse en entendant ces mots incendiaires, prononcés en pleine campagne électorale. Bien sûr, le parti républicain n'a pas tardé à relayer cette petite phrase auprès du public, par tous les moyens de communication moderne, afin de mieux vous taxer de « socialisme ». Ce dérapage verbal m'a franchement surpris car jusqu'ici vous aviez soigneusement réussi à éviter le simple mot de « gauche » (*liberal*, en américain), qui est strictement banni dans la vie politique de notre pays. Il faut plutôt dire « pragmatique » ou, pour emprunter la formule de Bill Clinton, « post-idéologique » quand on est de gauche aux États-Unis, pour autant qu'elle existe aux yeux des Jacobins français. Je caresse l'espoir que vous éviterez à l'avenir ce genre d'écarts de langage depuis la Maison-Blanche.

Il existe une image de notre nation qu'il faut entretenir à Washington : l'Amérique n'est pas, en dépit des caricatures de la presse française, composée que de riches confrontés aux pauvres dans une lutte des classes purement marxiste. Non, chez nous, il existe une classe moyenne plus ou moins aisée qui englobe plus des deux tiers de la population, ce sont des gens qui travaillent ou qui sont retraités et dans 99,9 % des cas ils n'ont absolument aucun désir de partager leur « richesse » avec qui que ce soit.

D'ailleurs, ce mot « richesse » qui est sorti si facilement de votre bouche, c'était pour parler de la fortune de qui au juste ? Sûrement pas celle de notre État, car celui-ci est endetté pour plus de 10 000 milliards de dollars. Celle de nos entreprises ? Ne songez surtout pas à faire comme les Français qui ont si bien transformé les leurs en vaches à lait que les plus importantes et les plus rentables ne pensent qu'à délocaliser. Celle des super riches ? Pardonnez-moi si cette idée me fait rire, mais si ceux-ci squattent 95 % de l'espace dans la presse people, ils représentent à peine de 2 ou 3 % de la fortune privée du pays, et en prime ils connaissent aussi bien les niches fiscales que moi mon living-room.

En fait, lorsqu'un homme politique parle de « richesse » chez nous, c'est finalement la classe moyenne qui se sent visée, car elle sait bien que surtaxer les plus riches ne suffira pas.

Je me demande parfois si vous n'oubliez pas vos origines, vous qui avez acquis ce statut de nouveau riche grâce à vos best-sellers. Tout le monde sait que les nantis de fraîche date, une fois atteint un certain confort matériel, ont tendance à occulter certaines vérités et notamment le fait que tout le monde n'a pas eu leur chance. Ne perdez pas de vue la petite veuve qui a vu ses économies fondre pendant la crise des subprimes et qui se demande comment elle fera pour les cadeaux d'anniversaire de ses petits-enfants : l'idée de partager plus avec des inconnus a pour seul effet de l'effrayer. Car cette dame ne regardera jamais dans le détail votre proposition qui consiste à imposer davantage les hauts revenus uniquement ; elle n'est pas fiscaliste. Son quotidien local se contente d'une couverture politique sommaire, et elle se tiendra à vos déclarations comme elles sont rapportées par la chaîne de télévision de droite Fox News.

Faites donc bien attention à vos paroles. Les Américains, à tort ou à raison, associent le terme « socialisme » avec des mots comme « communisme », « bolchevisme » et « goulag ». Même le vocable « social », qui peut évoquer protection et sécurité en France, perd ce sens positif en traversant l'Atlantique. Cela explique certainement le peu de succès rencontré par les trois candidats socialistes à la Maison-Blanche (les nôtres étant aussi divisés que le PS des Gaulois) qui n'ont récolté en 2008 que 21 000 voix, soit 0,00016 % du total.

Certes, l'Amérique pratique une certaine redistribution, mais il ne faut pas trop le dire, un peu comme l'existence du capitalisme en France. La moitié de nos 3 000 fournisseurs d'électricité par exemple appartiennent au secteur public, un héritage partiel du *New Deal* des années 1930. Votre propre maman a eu recours dans le passé aux aides alimentaires, les fameux *food stamps*, et quand vous évoquiez un partage des richesses, vous pensiez peut-être à elle. Cela tout le monde peut le comprendre.

Il existe néanmoins quelques rares occasions pour lesquelles on peut utiliser le terme « redistribution » auprès de nos Américains archaïques. Penchez-vous un instant, *Mister President*, sur le cas de notre retraite par répartition, la *Social Security*, fondée en 1935 par Franklin Roosevelt malgré de vives protestations de la part des républicains. Un système à ne pas confondre avec la Sécu, l'assurance maladie des Français, instaurée une décennie plus tard. Comment ce grand FDR a-t-il réussi à faire accepter une association linguistique si dangereuse et un tel programme social à notre pays ? Eh bien, parce que durant la Grande Dépression, le taux de pauvreté des seniors avait dépassé le seuil des 50 % et que cette retraite *ne coûtait rien* à la première génération de bénéficiaires. « *Something for nothing* » : cela même les Américains étaient prêts à l'accepter, surtout en temps de crise. Hélas, depuis cette dette initiale nous casse les reins.

Un dernier conseil : les belles paroles ne suffisent pas, il faut des actes. Alors, s'il vous plaît, soyez un peu plus sympa avec votre épouse Michelle, que l'on a dernièrement aperçu habillée dans du prêt-à-porter à trois cents euros. Cela rappelle la fausse modestie vestimentaire que Richard Nixon imposait à son épouse Pat, dont les souffrances d'épouse politique n'ont pris fin qu'à sa mort en 1993. Pour une Première dame du parti républicain, cette simplicité sonnait hypocrite, mais pour une Démocrate se fringuer ainsi au rabais, cela apparaît sûrement aux yeux des Américains comme un peu trop... socialiste.

9

Vous seriez peut-être étonné d'apprendre, *Mister President*, que les Français ont voulu voir le scrutin du 4 novembre dernier comme un référendum sur le racisme. Votre victoire les a donc profondément soulagés.

En vérité, nous savons bien, vous et moi, que certains Américains ont voté contre vous à cause de votre couleur de peau, et d'autres en votre faveur, toujours pour les mêmes raisons épidermiques. Y aurait-t-il un « mauvais » et un « bon » racisme ? Je laisse la réponse aux philosophes français, puisqu'en Amérique nous n'en avons pas.

Parmi vos nombreux supporters, on trouvait l'écrasante majorité de la communauté noire américaine qui vous a accordé un soutien électoral digne du leader nord-coréen Kim Jong-Il. Normal, me diraient vos conseillers, car aux États-Unis, les Noirs voient en vous un symbole d'espoir, puissance 1 000.

Cependant, votre arrivée ne règle pas les principaux problèmes de la deuxième minorité du pays (après les Latinos) : un revenu par foyer équivalant à seulement 67 % de celui des Blancs, 70 % de naissances hors mariage (ce qui n'est pas un signe de progrès social, à la différence de la France) contre 25 % chez les Blancs, ou encore 9 % des jeunes hommes en prison contre 1,5 % chez les Blancs.

Votre élévation au pouvoir suprême permettra-t-elle à la communauté noire de sortir du ghetto, de faire baisser son taux de chômage himalayen, de lui offrir sa juste part du gâteau économique, comme semblent l'imaginer tous les Français de bonne conscience ? Je crois plutôt qu'on risque d'avoir deux grands déçus : les Noirs américains et les Hexagonaux, même si des réalistes comme Marc Morial, du lobby noir *National Urban League*, savent bien que vous n'êtes pas un « messie ». Certains spécialistes, comme Shelby Steele du *think tank* conservateur *Hoover Institute,* ont déjà prévenu que votre seul exemple ne suffirait pas à améliorer ces sombres statistiques.

Et vous le savez ! D'ailleurs, pendant la campagne électorale, vous avez maintenu un superbe flou sur la question des préjugés raciaux. Vous avez même expliqué que vous trouviez désormais la pratique de la discrimination positive (dont vous avez tant profité pour faire des études à Harvard) excessive lorsqu'elle défavorise de jeunes Blancs méritants. Selon vous, si une politique de préférence s'applique, elle doit être favorable aux pauvres Blancs et non pas aider les Noirs issus des classes moyennes comme vos deux filles. Cette déclaration a beaucoup rassuré la majorité blanche et je vous invite à rester dans ce registre, *Mister President*. Votre présence à la Maison-Blanche motive les jeunes Noirs bien plus qu'une loi gouvernementale, quoiqu'en pense Monsieur Shelby. Soyez donc une brique dans l'édifice qui offrira des jours meilleurs à votre « couleur » (l'une des deux, j'entends).

C'est étrange mais, notre système de préférence fonctionne mieux que le libéralisme ethnique des Français. Oui, j'ai bien écrit « libéralisme » car l'idéal républicain, louable en principe et qui se veut parfaitement *color blind* (aveugle aux couleurs) et non-interventionniste, finit par ignorer les problèmes d'intégration de certaines communautés. Résultat ? Pas l'ombre d'un Barack Obama à l'Assemblée nationale. Mais bon, la plupart des Français vous expliqueront qu'ils n'ont pas eu besoin eux d'une guerre civile pour abandonner l'esclavage. Et puis, une récente étude menée par l'Université de Californie conforte un peu cette position française : d'après cette enquête, les Noirs admis dans les facultés de droit américaines avec de moins bons résultats que d'autres candidats réalisent au final de moins bonnes performances. Mais, le véritable problème au niveau des minorités reste, à mon avis, celui de leur embauche par le secteur privé. Afin de se déculpabiliser pour leurs années de bénéfices excessifs, les entreprises américaines cherchent désormais à tout prix à embaucher des salariés noirs ou latinos, ce qui leur garantie l'appellation d'*Equal Opportunity Employer*. Une motivation douteuse mais qui a néanmoins des conséquences positives. En France, rien de tel, certaines communautés se sentent à juste titre discriminées en matière d'emploi. Aussi, vous pouvez continuer à laisser faire.

Autre point important : comment allez-vous manœuvrer avec les vieux lions de la lutte pour les droits civiques, les activistes comme Jessie Jackson et Al Sharpton ? Leur discours fondé sur la culpabilité héréditaire des Blancs semble certes un peu dépassé désormais, mais ils exercent encore une certaine influence sur la communauté noire en tant que dignes représentants de ce que vous avez appelé avec beaucoup de tact « la génération de Moïse », celle qui emmena son peuple au pied de la liberté. Il vaudrait mieux éviter qu'ils se mettent à critiquer votre absence de mesures en faveur des Noirs, en vous traitant *sotto voce* d'« Oncle Tom », c'est-à-dire de Noir serviable aux intérêts des Blancs. Surtout, ne vous laissez pas intimider. Cela m'a ainsi réjoui de vous entendre lors d'un discours devant la communauté noire de Chicago, oser pointer du doigt un sujet tabou pour ces vétérans : l'absence de père dans plus de la moitié des foyers noirs. Cet appel à la responsabilité des mâles noirs avait un double objectif, car il a également rassuré les Blancs. Pas bête du tout ! Concernant ces vieux schnocks de leaders noirs, je vous propose à partir de maintenant de les inviter deux fois par an, ni plus ni moins, pour dîner à la Maison-Blanche. Je doute que le révérend Jackson qui a pleuré à chaudes larmes le soir de votre victoire refuse de venir. Et être convié à la Maison-Blanche, c'est cent fois mieux que d'être décoré de la Légion d'honneur.

Néanmoins, il y a plus compliqué à gérer pour vous que les Jackson et autres Sharpton. En effet, vous allez devoir composer avec une radicale anti-Blanc dans votre propre foyer : Michelle. Allez, vous savez mieux que moi que votre épouse a parfois du mal à accepter cette majorité blanche, dont les aïeux ont enchaîné votre peuple. Élevée dans le South Side, quartier noirissime de Chicago, elle éprouve depuis toujours beaucoup de difficulté à nouer des relations avec les non-Noirs. C'est certainement le secret le mieux gardé de votre campagne électorale, et c'est pour cette raison que vous avez décidé de coller une équipe restreinte mais hyper vigilante sur le dos de votre panthère noire de conjointe pendant les huit derniers mois avant l'échéance du 4 novembre, histoire d'éviter de nouvelles bourdes du style « Pour la première fois, je suis fière de mon pays... » *Première fois* ? Voilà le genre de propos qui détruit une candidature – et une présidence.

Examinons ensemble son CV de plus près. Quoiqu'elle fut elle aussi l'heureuse bénéficiaire de la discrimination positive, Michelle a eu du mal, beaucoup de mal, à s'intégrer sur le campus élitiste de Princeton. Elle a fini par se retrancher derrière une négritude studieuse, choisissant comme sujet de thèse les différences entre les élèves noirs et blancs à l'université. Dans sa conclusion, elle constate que les quatre années d'études parmi les Blancs, rendent les Noirs moins noirs. « Au cours de ma dernière année », écrit-elle, « j'ai exactement les mêmes objectifs que mes camarades blancs... un travail bien rémunéré dans une entreprise. » Et pour elle, cette similitude n'était pas un compliment. Ce travail, elle l'a trouvé dans un cabinet d'avocats à Chicago, où elle vous a rencontré, et au sein duquel, toujours amère, elle ne cessa de réclamer un traitement de faveur de la part de ses patrons blancs. Elle finira par démissionner afin de prendre un autre job – toujours très bien payé – dans la fonction publique.

Michelle, c'est un volcan racial non-éteint à surveiller de près. Et je vous en prie, plus de ces *fist bumps* entre vous deux, ces salutations ghetto qui consistent à joindre les deux poings et qui ont fait controverse, à un tel point que Michelle a dû expliquer à la télé que ce n'était pas un geste révolutionnaire à la Che Guevara (il est vrai que cela y ressemble !). La majorité en Amérique est toujours blanche, et elle préfère de loin les bisous affectueux au sein du couple. Pensez dès maintenant à votre prochain mandat. Vous garder à la Maison-Blanche, c'est dans notre intérêt. Comme l'a dit Sir Francis Bacon voilà des siècles, le pouvoir politique, c'est l'opportunité de faire du bien, n'est-ce pas ?

Mais, soyons un peu juste avec Michelle car il va bien falloir lui trouver une activité et pas seulement une fonction purement occupationnelle de coupeuse de rubans lors des cérémonies façon Laura Bush. Votre épouse est une femme intelligente, et puis elle a dû lâcher son emploi à Chicago (12 000 euros par mois) pour vous suivre jusqu'à Washington, une ville qu'elle n'apprécie guère (et pour cause). Cependant, ne lui confiez pas de dossier trop centré sur la communauté noire : elle doit être la Première dame de *tous* les Américains, comme vous. Vous avez réussi à éviter d'être catalogué comme le « candidat des Noirs » pendant la campagne, ce n'est donc pas le moment de devenir le « président des Noirs », grâce à Michelle.

Au final, votre accession au pouvoir va-t-elle concrètement modifier les choses dans le domaine des relations intercommunautaires ? Soyons franc, lors de la campagne, votre candidature n'a pas vraiment fait d'émules en terme de métissage, n'est-ce pas ? On estime aujourd'hui à environ 20 % le nombre de familles « blanches » qui sont de sang mélangé, or, il n'y a eu aucune vague d'*outing* de la part d'Américains clamant haut et fort qu'ils étaient comme vous le produit d'un métissage. Pourquoi ? Mais parce que la règle « une seule goutte » qui date du XVIIIe siècle est solidement ancrée : un peu de sang noir et vous êtes noir, et donc sujet aux préjugés. L'Amérique sortie de son racisme ? Pas encore, *Mister President*.

10

Vous connaissez la tradition, *Mister President*, après votre investiture en tant que 44e chef d'État de l'Amérique (« On donne à un Noir le pire boulot du monde », a d'ailleurs blagué pour saluer cet événement la revue satirique *Onion*), vous n'avez pas plus de cent jours pour changer le monde, ou en tout cas, notre pays. L'état de grâce. Au cent et unième jour, une sorte de rideau de fer tombe, sans aucune cérémonie.

À partir de cet instant, la bonne vieille guerre reprend à Washington, je veux parler de celle qui oppose la Maison-Blanche à son adversaire épidermique, le Congrès ; les magistrats *quasi* séniles de la Cour suprême jouant de temps à autre les arbitres.

Excusez-moi pour cette douche froide, mais l'histoire ne joue pas forcément en votre faveur. D'après les statistiques, les occupants du 1600 Pennsylvania Avenue ne sont pas parvenus à convaincre le Congrès très souvent. Un président des États-Unis, qui fait également office de Premier ministre, fait approuver en général moins de la moitié de son programme ; bien souvent, il doit se contenter d'un petit quart. C'est dommage, mais contrairement à la France, votre gouvernement n'a pas le droit de proposer aux députés des textes de loi qui seront ensuite, à de rares exceptions près, approuvés par les élus godillots de la majorité.

Ainsi, il vous faudra pratiquer un lobbying d'enfer auprès de tous ces sénateurs et députés qui tirent leur légitimité, eux, d'un mandat populaire acquis auprès d'électeurs qu'ils ont dû convaincre d'abord à l'occasion de primaires puis au scrutin du mois de novembre, des campagnes électorales qu'ils ont financées en marchandant leur honneur aux nantis et aux lobbies. Ces parlementaires ont donc cette fière indépendance d'esprit de cow-boy qui fait de l'Amérique la grande cacophonie démocratique que l'on connaît. Dans la plupart des cas, ils ne voient même pas en vous une locomotive électorale, car ils ont fait un meilleur résultat que vous dans leur État. Soyons clairs : vous l'avez emporté avec le score respectable de 53 % des suffrages (comme Nicolas Sarkozy en France), mais cela n'a rien d'un raz-de-marée. Certains députés sortants obtiennent bon an mal an plus de 65 %.

Vous, l'homme le plus puissant du monde, faire du lobbying ? Eh, oui ! Et vous le pratiquerez de la manière suivante : en caressant les députés dans le sens du poil, en les invitant à la Maison-Blanche pour un petit-déjeuner « intime » (pas plus d'une douzaine à la fois), en leur promettant de les aider aux prochaines élections, et surtout – surtout – en vous abstenant d'apposer votre veto sur ces folles dépenses qu'ils votent pour leur circonscription (comme ce fameux pont à 250 millions de dollars qui va nulle part en Alaska).

Et puis, du charme, encore du charme, toujours du charme. Vous allez devenir un maître dans l'art de la poignée de main chaleureuse, accompagnée d'un regard « vrai », les yeux dans les yeux, d'homme à homme, avec un sénateur qui la vieille dans le *Washington Post* vous a accusé d'être « coupé de l'opinion publique ». Pour les plus récalcitrants, il faudra les inviter à souper dans la plus « grande » intimité avec vous, Michelle et les filles, en ayant, en plus, l'air d'être ravi de les avoir à votre table. Vous me comprenez bien ? Rentrés chez eux, ils pourront dire à leur épouse : « le Président compte sur moi ».

Un mot rapide sur votre opposition, le parti républicain. Contrairement à ce que vous avez pu lire dans la presse, George Bush – cet incompétent polyvalent – n'est pas parvenu à éradiquer totalement son parti. Les républicains bougent et s'ils sont minoritaires aux deux chambres du Congrès, ils disposent d'une minorité de blocage au Sénat puisque les démocrates ont moins de soixante sièges sur cent. Cela signifie que n'importe quel sénateur républicain archéo-réac d'Alabama peut prendre la parole à la Chambre et la conserver en se contentant de la transmettre à d'autres membres de son parti grâce à certaines procédures parlementaires archaïques (merci les Anglais !) avant de la reprendre et ainsi de suite pendant des semaines afin de bloquer une réforme que vous avez promise aux électeurs. Inutile de chercher à changer ces règles : les démocrates en ont amplement profité lorsqu'ils étaient minoritaires.

Il va donc falloir une excellente communication à la Maison-Blanche. Regardez comment a fait cette fripouille de Bush pour faire passer des lois néo-fascistes après le 11-Septembre, en prétextant qu'il en allait de la survie de la nation. Pas si bête sur un plan stratégique. Souvenez-vous aussi de la technique employée par Lyndon Johnson lorsqu'il a voulu faire adopter sa « guerre contre la pauvreté » en 1965. Tout le monde savait que les Noirs comptaient pour 70 % des défavorisés, et l'Amérique raciste n'aurait pas accepté de payer pour eux. Ce bon Texan de Johnson a donc fouiné au fin fond de la Virginie occidentale pour trouver et montrer en exemple des Blancs qui avaient un niveau de vie digne de l'âge de pierre.

Ainsi, pour faire passer votre projet d'assurance maladie nationale, invitez par exemple à la Maison-Blanche de jeunes victimes du cancer, des femmes qui ont perdu leur bébé à cause d'un manque de suivi médical, des cadres touchés par la maladie de Parkinson et lâchés par leur assureur privé, etc. En recevant ces « bonnes » victimes, si vous et madame Obama pouviez avoir les yeux légèrement humides, ce serait parfait ! Trop grosses ces ficelles pour un diplômé d'Harvard comme vous, *Mister President* ? « Il ne faut jamais sous-estimer la stupidité du public américain », a déclaré un jour P. T. Barnum, le célèbre homme de cirque. C'était au XIXe siècle, mais rien n'a changé depuis.

Au final, il vous faut à tout prix éviter le genre de division qu'on voit en France, entre gauche et droite, et qui pousse l'opposition à s'opposer systématiquement à tout changement. Comment faire ? Bill Clinton avait trouvé une excellente formule pour amadouer les républicains. Il disait : « Ce sont des gens très bien, mais qui se trompent ». Sa tactique a très bien fonctionné jusqu'au scandale Lewinsky.

Pour résumé, gardez toujours à l'esprit un principe : en matière de politique à Washington, votre ennemi mortel ne sera pas forcément le camp républicain mais... Hillary.

11

Depuis que la crise des subprimes a éclaté outre-Atlantique, la gauche française n'arrive pas totalement à dissimuler sa joie, *Mister President*.

« J'espère que monsieur Sarkozy ne parlera plus des retraites par capitalisation », a ainsi lancé Ségolène Royal. Une manière de dire que la méthode américaine, ce n'est pas son truc. On s'en doutait un peu...

De son côté, l'altermondialiste Susan George a affirmé : « Cette crise, nous l'avons annoncée depuis longtemps ». Madame Soleil aurait pu faire la même prévision, car nous croisons des zones de turbulence économique tous les quatre ou cinq ans en moyenne depuis 1945.

Alors, quelle réponse apporter à tous ces chantres de l'anti-capitalisme, *Mister*

President ? Allez-vous défendre notre cher système de libre entreprise ?

Je sais que vous avez bien d'autres choses à faire, mais vous auriez tort d'ignorer cette gauche française, car même anachronique et décalée, elle représente un certain courant de pensée qui existe également chez nous, et dont la papesse se nomme Naomi Klein.

Ce sont notamment les retraites par capitalisation, si populaire chez nous, et si rejetées en Europe, qui alimentent la controverse par temps de crise économique majeure. Le désastre des subprimes va-t-il anéantir l'*American way of life* ?

Examinons les faits. À partir de la fin septembre 2008, votre candidature a pris son envol dans les sondages, et le brave John McCain n'a jamais pu vous rattraper. Pourquoi à ce moment précis de la campagne ?

J'ai ma petite idée, si vous voulez bien m'écouter un instant : fin septembre des millions d'Américains ont reçu par courrier le relevé trimestriel de leur compte 401(k). Kesako ? Un compte de retraite par capitalisation dont le montant peut dépendre des performances des titres financiers. Or leurs détenteurs ont constaté avec tristesse que les montants avaient fondu, à cause de la crise, comme une Häagen-Dazs au soleil. Le processus a continué jusqu'au 4 novembre et même au-delà.

Mon ami de jeunesse, Morris, qui habite toujours à Columbus, dans l'Ohio, m'a téléphoné pour me raconter que son 401(k) avait plongé de pratiquement 40 %. « C'est du jamais vu », m'a-t-il dit, avec la même émotion que la fois où il m'a annoncé que l'aile arrière droite de sa Buick avait été égratignée dans un parking. Je pense que Morris, un républicain depuis toujours, a alors envisagé de voter pour les démocrates pour la première fois de son existence. Par pudeur, je ne lui ai pas posé la question.

Ces comptes défiscalisés, qui tirent leur nom d'un article du code civil, représentent pour beaucoup d'Américains un supplément non négligeable à leur retraite par répartition (système qui, comme en France, va affronter un tsunami démographique dans les années à venir). Une fois à la retraite, c'est avec le 401(k) qu'ils vont de temps en temps dîner au restau ou s'acheter une bouteille de vin français pour souper à la chandelle. Autrement, c'est surgelé arrosé au Coca tous les jours.

Doit-on supprimer ces comptes pour éviter de nouvelles hécatombes ? Teresa Ghilarducci, une spécialiste de la question des retraites à la gauchisante *New School for Social Research* à New York, a déclenché la fureur des libéraux en proposant récemment au Congrès de clôturer sans tarder les 401(k) pour les transformer en une prime de retraite mensuelle versée à tous par le gouvernement. Pour appuyer sa proposition, elle a avancé plusieurs raisons, dont les frais de gestion trop élevés, les mauvaises décisions d'investissement de nombreux détenteurs, ou encore l'absence de 401(k) chez des millions de personnes, car ces comptes ne sont obligatoires ni pour les employés ni pour les employeurs.

« Le parti démocrate a toujours voulu supprimer l'individualisme en matière des retraites, comme dans d'autres domaines », a tonné, sans aucune finesse, Rush Limbaugh, un présentateur de radio clairement étiqueté à droite. Il a promis de batailler pour préserver ces comptes en l'état.

Que retenir de tout cela, *Mister President* ? Tout d'abord que madame Ghilarducci a raison de souligner que de nombreuses personnes, déjà retraitées ou qui vont bientôt l'être, sont confrontées à une baisse importante de leurs revenus, et que cela a des conséquences non seulement pour eux mais aussi pour l'économie nationale, car ils réduisent leur consommation.

Surtout, que vous pourrez trouver une réponse simple à ce problème à l'aide d'un texte de loi qui imposerait une petite formation boursière à tout nouveau détenteur d'un 401(k). En étudiant, sans entrer dans les détails, les méthodes des grands fonds de pension comme celui des employés de l'État de Californie, le Calpers (très présent à la Bourse de Paris), on s'aperçoit que certains organismes maintiennent le niveau des paiements à leurs cotisants, en dépit de pertes de valeur colossales sur leur bilan. Comment est-ce possible ? Tout simplement en sécurisant leur système par des obligations du Trésor, qui servent de refuge quand les actions plongent. Cela permet d'attendre tranquillement la reprise économique (si reprise il y a).

La règle d'or pour les particuliers est simple, et pourtant elle fut ignorée : avec l'âge, un futur retraité augmente son avoir en obligations dans une proportion directement liée à ses années. À cinquante-cinq ans, il vaut mieux que 55 % de ses investissements en obligations soient moins rentables mais plus sûrs, à soixante ans 60 %, et ainsi de suite. Hélas, trop d'investisseurs ont cru que le cours des actions allait grimper pour l'éternité. Les retraites par capitalisation restent à long terme une excellente idée, surtout couplées avec une retraite par répartition. Le capitalisme, ça s'apprend, après tout.

Voilà, *Mister President*, comment répondre à madame Royal.

12

Abordons maintenant, *Mister President*, trois sujets auxquels vous n'avez consacré que très peu de temps lors de la campagne électorale : le droit à l'avortement, la peine de mort et le libre port d'armes.

Ces aspects de la vie américaine inquiètent le reste du monde, et en tout premier lieu les Français. Afin d'améliorer l'image de notre pays outre-Atlantique et outre-Pacifique, il va falloir une nouvelle approche dans ces domaines de la politique intérieure. Un pays qui se croit exemplaire pour toute la planète ne peut plus prétendre que ses lois ne concernent que lui.

Comme spécialiste du droit constitutionnel, vous savez mieux que moi que les pouvoirs d'un président des États-Unis sont limités. Comme candidat, vous avez compris que les passions qui entourent ces dossiers pouvaient anéantir une campagne, et vous avez donc préféré parler d'autre chose. Utiliser des termes comme « changement » ou « espoir », comme vous l'avez si bien fait lors de vos discours, après tout ça ne mange pas de pain.

En fait, pour en revenir aux trois sujets cités, c'est plutôt la Cour suprême qui fixe les limites des libertés constitutionnelles. Et encore, c'est plus compliqué que cela.

Prenons par exemple le cas de la peine de mort. Depuis que la Cour a légalisé la peine capitale en 1976, plus de 1 100 condamnés ont été exécutés dans notre pays (et environ 3 300 attendent l'exécution de la sentence, parfois depuis des années, dans les couloirs de la mort). Néanmoins, treize États sur cinquante ont pris l'initiative, comme c'est leur droit, d'interdire cette pratique sur leur sol, pour la plupart d'entre eux bien avant la réforme anti-guillotine du ministre français Robert Badinter en 1981.

Pour favoriser une réforme dans les trente-sept autres États, vous pourriez par exemple encourager le Congrès à abolir la peine capitale pour les condamnés détenus par votre gouvernement fédéral à Washington (ils sont une cinquantaine) et par les forces armées, une demi-douzaine d'après les chiffres de fin 2008. Attendez-vous bien sûr à de vives protestations : certains de ces détenus se sont rendus coupables de crimes horribles, viol et meurtre de gamins par exemple. Mais cette voie a l'avantage de donner le ton et fera peut-être réfléchir les législateurs des États où l'on entretient soigneusement les chaises électriques, les chambres à gaz et les salles d'injections. De toute façon, il est grand temps que Washington rejoigne enfin ces treize États réformateurs, sans même parler des nations modernes.

Un petit conseil cynique mais juste me semble-t-il : dans cette affaire, essayez d'agir au cours des six premiers mois de votre mandat, afin de laisser le calme revenir avant les élections partielles de novembre 2010. Inutile de faire trop de cadeaux aux républicains !

En ce qui concerne le droit à l'avortement, là encore vous êtes limité par notre Constitution, mais heureusement dans ce domaine, la Cour suprême a jugé en faveur des femmes : sa décision dans le litige « Roe contre Wade » en 1973 accorde le droit à une interruption de grossesse à n'importe quelle femme (sauf en certaines circonstances).

Deux choses cependant : premièrement, si la Cour (on les appelle familièrement *The Supremes*) est actuellement dominée par des conservateurs, nommés par Reagan et les deux Bush, il est peu probable qu'elle remette en cause cet acquis car les sondages montrent que 70 % des Américains veulent conserver ce droit à l'IVG. Toutefois, si dans un élan de sénilité (ou de nostalgie de l'an 2000 lorsqu'ils ont choisi Bush comme président) les vieux juges revotent l'interdiction, vous serez pieds et mains liés. Votre seul recours sera alors de profiter des postes vacants à la Cour pour nommer des magistrats favorables au droit à l'avortement.

Deuxièmement, en attendant, vous pouvez déjà faire quelque chose pour rassurer les femmes qui désirent avorter. Dans les derniers jours de son mandat, ce réac de George W. Bush a en effet fait appliquer une « clause de conscience » pour les médecins, infirmières et auxiliaires dans les cliniques et hôpitaux. Si par « croyance religieuse ou par conviction morale », ils s'opposent personnellement au droit à l'IVG, ils ne sont plus tenus d'informer les femmes enceintes des options qui se présentent à elles. Incroyable mais vrai ! Une jeune fille de quinze ans issue du ghetto qui se retrouve enceinte (et cela arrive dans des milliers de cas) n'est pas forcément au courant de ses droits, et si le personnel médical reste muet, elle mettra au monde un enfant qu'elle pourra difficilement élever. Cela prendra quelques mois, mais vous pouvez annuler cette clause, *Mister President*. Le personnel hospitalier qui considère que l'avortement est immoral peut aller chercher un boulot ailleurs – le CDI, ça n'existe pas chez nous.

Pour finir, nous voilà à l'épineuse question des armes à feu dont plus de 160 millions sont en circulation presque librement chez nous. Là encore, la Constitution de 1787 garantit aux Américains le droit aux armes, et la Cour suprême a maintes fois décidé que cela veut bien dire ce que cela veut dire. Certains États peuvent imposer à l'acquéreur une autorisation (accordée en principe aux seuls casiers judiciaires vierges) ou l'obligation d'enregistrer son fusil, mais dans la pratique : a un flingue qui veut en avoir un.

Vous avez déclaré par le passé, et je vous cite : « Je crois au droit constitutionnel des individus à posséder une arme, mais ce droit n'exclut pas des contraintes légales de la part des États et des gouvernements locaux ». Bien dit ! Mais cela ne suffit pas à faire un pas vers le changement.

C'est triste à dire, mais je crois que le seul événement qui pourrait motiver le public à réclamer un contrôle plus important, ce serait une nouvelle tentative d'assassinat majeure, comme celle qui a failli coûter la vie en 1981 à Ronald Reagan et qui inspira (douze ans plus tard) la loi Brady, du nom du porte-parole du président qui fut blessé à cette occasion et resta handicapé à vie. Cette loi contestée par la droite peut, dans certaines situations, retarder la vente d'une arme de cinq jours ; c'est en partie grâce à elle que les démocrates ont perdu leur majorité au Congrès en 1994, quelques mois après son vote. Depuis, les représentants ont tous dû retenir la leçon...

J'ai compris, *Mister President* : comme moi, vous êtes résigné devant l'énormité du problème et la puissance du lobby en faveur des armes, et vous laisserez à d'autres, notamment aux gouverneurs et aux maires, le pénible travail de contrôler tant bien que mal les armes à feu.

Pour l'instant, sur le sujet, la messe est dite.

13

Votre gouvernement, *Mister President*, propose de lancer l'une des plus grandes expéditions de shopping depuis des lustres – ponts et chaussées, infrastructure informatique, réseau électrique et j'en passe. Tout cela dans le souci de relancer une économie tombée bien bas à cause de la crise.

Cette politique va coûter fort cher, et pour le financement, il n'est pas question d'augmenter l'impôt sur le revenu – pour l'instant – car une telle « solution » empêcherait les particuliers de remplir leur panier et ainsi de contribuer à la reprise. On va donc emprunter, comme d'habitude. Signalons ici une petite bonne nouvelle : grâce à la panique sur les places boursières et le marché obligataire, les emprunts d'État qui sont les seuls à résister à cette crise de confiance font un véritable tabac. Pour la première fois depuis la guerre, le gouvernement peut emprunter quasiment sans payer d'intérêt si l'on prend en compte le taux d'inflation.

Cette bonne nouvelle est provisoire car à la fin de la récession, au début de votre deuxième mandat peut-être, la dette, elle, sera toujours là. Il faudra alors compter sur un niveau d'endettement d'environ 13 000 milliards de dollars, ce qui représente un effroyable remboursement annuel de 1 500 dollars par habitant. Par ha-bi-tant. Excusez-moi pour tous ces chiffres, mais j'en arrive enfin à mon idée.

Pour récolter d'avantage de revenus pour Washington, vos conseillers économiques, ces mêmes génies qui n'ont pas vu venir la crise des subprimes, vont proposer une « solution » : l'instauration d'une TVA.

J'entends déjà leurs arguments : l'impôt sur le revenu est trop sensible politiquement pour supporter le poids d'une augmentation, la taxe d'habitation (utilisée chez nous principalement pour financer les écoles locales) est déjà trop élevée, il faut une taxation au niveau national à la place de toutes ces dîmes imposées chaotiquement par les différents États.

Regardez en direction de cette douce France, vous diront-ils, ce pays où il fait bon vivre, où l'on ne mange que des produits du terroir, où l'on vit dans le bonheur jusqu'à cent ans, où l'on enchaîne vacances sur vacances, le pays de la culture, de l'intelligence, de la solidarité entre citoyens. Dans cette nation-phare, tout cela est dû à la TVA, que les Gaulois ont inventée dans les années 1950 pour en faire bénéficier le reste du monde. Et l'unique pays qui résiste à ce progrès inouï pour l'humanité, c'est le nôtre, la terre des Américains, diront vos conseillers pour vous persuader.

Le lobby en faveur de la TVA au pays de l'individualisme œuvre déjà à sa honteuse besogne. « Nous nous dirigeons vers des niveaux de dépenses publiques à l'européenne », expliquait ainsi à la revue *Fortune* Andrew Biggs, économiste du *think tank American Entreprise Institute*. Et d'ajouter : « Nous allons avoir besoin d'une manière plus rationnelle pour augmenter nos revenus ».

Je me demande qui finance son institut. Les Renseignements généraux, peut-être ?

Je sais bien, *Mister President*, que dans la solitude du Bureau ovale, on prend parfois des décisions que l'on ne peut plus tard s'expliquer que par la folie du moment. Mais, genou à terre, je vous supplie de tout mon cœur : faites n'importe quoi, bradez les parcs nationaux aux promoteurs immobiliers, envoyez la flotte avec ses treize porte-avions à la casse, repoussez l'âge de la retraite jusqu'à soixante-quinze ans, réduisez en cendres le Canada, ou obligez nos jeunes à se prostituer, mais pas de TVA !

Vos conseillers à la *West Wing* (des élitistes qui prennent leurs vacances en France, je parie !) vous préciseront que la TVA, aucun souci, c'est surtout une taxe *efficace*. C'est vrai, elle est aussi efficace que la chaise électrique. Ensuite, ils ajouteront que cette TVA est, à l'inverse de l'impôt sur le revenu, *invisible*. La peste, le choléra, et la bague Chaumet de Rachida Dati le sont aussi.

Ouvrez la porte à une TVA et vous direz aussi « Bienvenue » à mille autres taxes, une tornade sans fin d'impositions à la française qui se déguisent sous tous les noms possibles et ne connaissent de limites que celle de la créativité intéressée des fonctionnaires : éco-participation, bonus-malus, ISF, redevances, vignettes, taxe pique-nique, taxe sur le poisson… ou pour les meilleures « cotisations fiscalement imposables » comme la CSG ou le RDS, la TVA sur taxes locales sur les factures EDF. Washington perdra son âme pour devenir, comme Paris avant elle, un moulin à taxes.

C'est vrai, la TVA remplit les caisses de l'État français, deux fois plus que l'impôt sur le revenu, mais ces pauvres Français doivent par conséquent payer bien plus cher les achats les plus simples. Résultat : les seuls Gaulois heureux sont les frontaliers. Oui, la TVA, si invisible, échappe à toute critique lorsque les Hexagonaux se lamentent sur leur pouvoir d'achat qui fiche le camp, mais c'est un monstre de régression : les pauvres paient un maximum, alors que les nantis se goinfrent.

Je me souviens encore, à mes débuts en France, au cours de ces années d'innocence d'avant 1968, lorsque dans les soirées on discutait avec entrain de cette nouvelle taxe que le gouvernement venait d'instaurer pour le grand public. « TVA, cela veut dire “Tout va augmenter” » avait plaisanté un jour mon copain Richard, et tout le monde s’était mis à rire, sans se douter de l’holocauste fiscal à venir. Pauvre Richard, mort depuis trois ans, sans pouvoir laisser un sou à ses enfants, à cause de la TVA. Ô générations passées et celles à venir qui seront à leur tour accablées par cette insidieuse TVA, comme je vous pleure quand je pense à votre triste sort !

Et lorsque nos consommateurs américains s’apercevront un jour que c’est vous qui avez mis hors de portée leur seul plaisir en ce bas monde, à savoir le shopping à prix discount, avec votre sacrée TVA, ils vous qualifieront avec la pire insulte qui existe dans le vocabulaire des Anglo-saxons : le *Frenchie*. Est-ce à un avenir en forme de TVA sur taxes locales que vous destinez vos deux enfants, *Mister President* ? Pensez donc à elles...

14

Allez, *Mister President*, maintenant que les élections sont terminées, reconnaissez que vous en avez autant marre que moi de tous ces délégués, super-délégués, grands électeurs, Super Tuesday et autre caucus. Que vous n'en pouvez plus de ces trente-six manières de voter dans notre pays, que ce soit par écran tactile, par simple ordinateur avec ou sans imprimé, par courrier, à l'ancienne avec un crayon ou encore, en dépit de ce qui est arrivé en Floride en 2000, avec une espèce de burin qui fait un trou sur une carte informatique, parfois, parfois pas.

Avez-vous la moindre idée du temps que j'ai pu passer lors des dîners mondains à expliquer à mes amis français comment marche notre système électoral ? Ou pire encore, les heures que j'ai passées à écouter des raseurs de profs d'université étaler leurs connaissances sur notre loi électorale ? Ou les « colles » que certains Français – toujours un peu étudiants prétentieux dans leur âme – s'amusent à me poser sur notre politique, du genre « Comment faites-vous si le président élu meurt pendant la période de transition [1] ? » Bien entendu, entre deux présidentielles, les Français oublient tout ce qu'ils ont appris, et il faut recommencer à zéro à chaque fois. Quel calvaire pour un Américain en France, que ces années bissextiles où l'on élit un chef d'État !

Il est grand temps de rationaliser notre loi électorale qui date du XIXe siècle. Et pas de la deuxième partie... Simplifions ! Oui, je sais aussi bien que vous qu'il est plus facile d'en parler que de le faire. Les deux grands partis sont méfiants à l'égard de toute modification qui pourrait changer la donne, même légèrement en faveur des uns ou des autres. Les petits États sont hostiles à l'abandon du collège électoral, qui les favorise. Mais si les Français ont pu adopter le quinquennat, ce

1. Selon le vingtième amendement de la Constitution, ratifiée en 1933, le vice-président élu accède à la Maison-Blanche à la date de l'inauguration.

qui a totalement bouleversé le paysage politique dans leur nation, nous pourrions oser une modeste réforme.

Et les nombreux obstacles qui vont se dresser ne suffisent pas à justifier un simple abandon par avance. Envisagez plutôt une réforme limitée. Voici mon idée.

Pendant votre premier mandat de quatre ans, vous conserverez un mutisme absolu en matière de changement électoral. Mais supposons que vous arrivez à obtenir un second et dernier mandat en 2012. À partir de là, votre carrière politique est bel et bien finie, si l'on se réfère à l'exemple d'autres anciens présidents. Au mieux, vous pouvez viser un prix Nobel de la Paix, comme Jimmy Carter, ou un enrichissement personnel comme Bill Clinton.

En revanche, ce sera le moment pour vous de tenter quelque chose en faveur d'une loi électorale plus moderne.

Abolir ce dinosaure qu'est le collège électoral ? Franchement, laissez tomber cette idée. Il faudrait un amendement à la Constitution et donc l'approbation de trois-quarts des États – « impossible rêve », comme dirait Jacques Brel.

Mais le Congrès pourrait à la majorité simple obliger les deux grands partis à « standardiser » leurs règles pour les primaires et les caucus. Ces derniers, une espèce de rassemblement populaire à la suisse, n'ont plus aucune raison d'exister, même si vous avez su en profiter en 2008. Il faut dans chaque État une élection primaire dans les règles et, de préférence, au même moment, vers la mi-mai. Ces Super Tuesday et mini Super Tuesday avec ces États qui rivalisent pour passer en premier, c'est totalement indigne ! Tout le monde doit voter au même moment. Il faut que Washington propose de financer ces primaires à 100 %, afin de supprimer tout envie d'organiser des caucus (qui ne coûtent rien aux États).

Pour le scrutin de novembre, l'État fédéral doit également débourser de l'argent afin de fournir assez d'ordinateurs *avec l'imprimé du résultat* pour éviter tout chaos du type Floride en 2000. Certains États en sont déjà dotés, d'autres seront obligés d'envoyer à la casse leurs systèmes de vote totalement inadaptés. Comment ferez-vous pour les obliger, ces États, gardiens jaloux de leurs privilèges constitutionnels, prêts à en découdre jusqu'à la Cour suprême avec leurs bataillons d'avocats ? Eh bien, je vous conseille d'employer une astuce parlementaire qui a fait ses preuves dans les années 1970 quand, à la suite de la première crise du pétrole, il a fallu économiser du carburant en limitant la vitesse partout aux États-Unis à cent kilomètres à l'heure. Normalement, Washington ne disposait pas du pouvoir constitutionnel pour imposer une telle restriction aux États réfractaires, mais le Congrès les a « convaincus » en fixant une petite condition aux subventions annuelles pour la construction du réseau routier : tout État qui ne se pliait pas aux cent kilomètres à l'heure se verrait priver de ces fonds. La mesure est passée comme une lettre à la poste ! Et ce truc peut fonctionner une fois encore, si nous le voulons vraiment et si un président bien-aimé, comme vous le serez encore si vous êtes réélu en 2012, s'y met.

Et puis, cela aurait l'avantage de rendre mes années bissextiles beaucoup plus faciles à vivre.

15

Parlons écologie, *Mister President*.

Vous avez une occasion rêvée de changer l'Amérique durablement, mais il faut absolument agir vite, très vite, pendant les cent premiers jours de votre mandat.

Une nation qui continue à consommer un quart de l'énergie non-renouvelable du monde fonce vers l'abîme. C'est notre cas. Cela fait plus de trente ans que l'on évoque avec gravité l'indépendance énergétique des États-Unis, sans faire le moindre effort en ce sens, par manque de courage politique, par paresse et par peur de bousculer l'*American way of life* qui consiste à utiliser la bagnole comme une résidence secondaire mobile – plus c'est grand, mieux c'est. Ce ne serait pas idiot que vous deveniez notre premier chef d'État à faire faire un pas à notre pays, pour indiquer au peuple le sens de la réforme. Je ne doute pas que vous agirez plus sérieusement contre le réchauffement global que votre prédécesseur George Bush (il est impossible de faire moins que lui). Vous avez nommé des écologistes talentueux (y compris un Prix Nobel) dans votre équipe.

Mais il faut également un acte fort, à valeur de symbole, pour faire comprendre à nos électeurs que l'heure de l'écologie a sonné chez nous comme ailleurs. Et pour en finir avec la torpeur américaine, rien de mieux que la voiture.

On ne fait d'omelette sans casser des œufs, et vous aurez compris que je parle de taxes.

Pour commencer, regardez s'il vous plaît du côté de la France. Que voyez-vous ? Un pays d'amoureux de leurs bagnoles, comme chez nous. Mais ces voitures françaises, qu'ils aiment autant que leur coq au vin, sont toutes petites. Ces véhicules pourtant nerveux sirotent peu, six ou sept litres au cent kilomètres. Incroyable ! En Amérique, la consommation tourne plutôt autour de quinze litres, voire vingt.

Comment ont fait les Gaulois ? Simple mais douloureux : le prix de l'essence est généralement deux fois plus élevé à la pompe par rapport à chez nous. Comme une baguette magique, ce paquet fiscal qu'ils appellent la TIPP (Taxe intérieure sur les produits pétroliers) pousse non seulement les fabricants à produire des modèles économes mais aussi le consommateur à lever le pied et surtout, à bien réfléchir avant de sortir la Peugeot du garage.

Vous avez été le témoin vous-même, *Mister President*, de la panique nationale aux États-Unis lorsque le prix du pétrole a atteint des sommets pendant l'année 2008, et que le prix à la pompe pour le consommateur américain s'approcha des soixante-quinze cents d'euro le litre. Imaginez, on mettait presque la moitié de ce que paye le Français pour faire le plein. Du jamais vu !

Panique, oui. Car l'Américain moyen est un banlieusard qui dépend de sa Chevrolet ou de sa Ford pour le moindre déplacement, pour se rendre au boulot, pour voir un film, pour acheter des pommes frites surgelées au supermarché. Quelques politiques, comme Hillary et John McCain ont réagi de manière démagogique, proposant de supprimer provisoirement la petite taxe pétrolière de

Washington, à peine 5 % du prix à la pompe, ou d'inciter les sociétés pétrolières à effectuer sans attendre des forages dans nos eaux territoriales.

Vous m'avez alors impressionné en restant assez cool. Soucieux de la souffrance budgétaire des familles américaines, vous vous êtes borné à conseiller d'économiser l'essence en gonflant plus les pneus. Le sénateur McCain vous a tourné en ridicule, mais lui aussi a fini par admettre que c'était un sage conseil.

Après quelques semaines, la panique chez l'automobiliste s'est estompée et une logique digne d'Adam Smith a commencé à s'installer. Pour la première fois, des Américains de tout niveau économique, regardaient leur 4 × 4 comme un fardeau, un dinosaure ultra assoiffé de *Brent light*. Autrement dit, nous avons inauguré une réaction de consommateur avisé : la vente des Hummer et autres monstres de Detroit plongea. On parla de plus en plus d'autres moyens de transport, des énergies renouvelables, d'obliger les GM et les Ford à nous proposer des voitures mieux adaptées au nouveau siècle.

Depuis, vous connaissez l'histoire. Le prix du pétrole a baissé radicalement, et bien sûr on parle moins de ces nouvelles énergies, mais – miracle ! – on a constaté qu'en dépit de la chute des prix à la pompe et du grand soulagement populaire, les Américains continuent à réduire leur consommation en roulant moins.

En octobre 2008, nos automobilistes ont parcouru en moyenne 3,5 % kilomètres de moins en voiture, une baisse qui a commencé en novembre 2007. Est-ce le début d'un certain civisme écologique, ou un simple réflexe de consommateur ? Je n'en sais rien, les experts non plus.

Mais pour vous, c'est l'occasion exceptionnelle de demander au Congrès une sérieuse hausse de la taxe sur le carburant, une augmentation qui pourrait aller jusqu'à 25 % (ce qui nous laisserait encore loin du niveau français). Un excellent outil non seulement pour encourager une consommation modérée, mais aussi pour payer les travaux publics que vous proposez pour sortir de la crise, car la TIPP, comme les fonctionnaires français vous le confirmeront, c'est la meilleure vache à lait qui ait jamais existé.

Le Congrès va exploser de colère, certes. Les élus de votre propre parti seront tout aussi choqués que les républicains. « Ce sont les pauvres qui vont en souffrir le plus ! » vous diront-ils. Tant pis. Vous leur répondrez par une phrase simple qu'on entend souvent dans la vieille Europe, *Mister President* : « Pollueur, payeur ! »

En six mois, tout le monde aura oublié – en roulant moins.

16

On vous a choisi, *Mister President*, pour sauver le capitalisme et non pour le « refonder » comme l'a proposé le chef de l'État français, Nicolas Sarkozy.

D'ailleurs, ce dernier s'est vite retrouvé en minorité sur le sujet, y compris dans son propre camp, car le vocabulaire idéologique de la gauche révolutionnaire marche moins bien avec les Allemands et les Anglais.

Parlons franchement de la crise des subprimes, ces prêts immobiliers devenus tristement célèbres depuis 2007 et emblématiques d'un marché hors de contrôle.

Il faut avouer que ces subprimes ont été favorisées par l'intervention gouvernementale depuis les années 1970, incitant les organismes de crédit à prêter librement et à permettre à des gens aux moyens limités d'accéder à la propriété. En un mot, les subprimes, c'était la version USA du logement social, dans un pays où il existe très peu de toits subventionnés. N'oublions pas que si beaucoup d'entre eux se font expulser depuis quelque temps, la majorité des emprunteurs continue à vivre dans une maison, disposant parfois de trois chambres à coucher, qu'ils n'auraient jamais pu se payer autrement. Est-ce qu'il aurait fallu faire cela d'une manière moins chaotique et mieux organisée ? La suite des événements prouve que oui. Mais de là à condamner notre système libéral...

Pourquoi ne pas comparer le capitalisme à un match de rugby ? L'arbitre peut siffler souvent, comme c'est le cas en France, mais cela casse le jeu qui n'est plus dynamique. Ou alors, il peut laisser son sifflet dans la poche, comme pendant l'ère Bush, mais au prix d'une rixe barbare sur le terrain. Pour les membres de votre nouvelle équipe, la tâche sera de trouver le juste milieu : une certaine réglementation étatique *ma non troppo*.

Évoquons encore un instant, en toute franchise, un autre aspect du capitalisme caractérisé par des cycles qu'on dit de *boom or bust*, d'euphorie ou de déprime. Bon nombre de nos récessions sont en vérité l'œuvre de la banque centrale, la Fed, comme celle de 1981-1982 qui nous a finalement permis de dompter une inflation galopante en fixant les taux d'intérêts à leur zénith. Auteur de cette « cure » qui coûta leur job à des millions de salariés ? Le chef de la Fed à l'époque, Paul Volcker, qui est aujourd'hui, à l'âge de 82 ans, l'un de vos principaux conseillers. Mais une question se pose : pourquoi en dépit de tout le talent économique qui existe en Amérique (43 Nobel sur les 62 lauréats depuis 1969) ne parvient-on pas éviter ces bulles qui mènent aux krachs, pas plus qu'un ivrogne n'arrive à identifier son dernier verre ?

Cette fois on se servira d'Alan Greenspan, longtemps président de la Fed, comme d'un bouc émissaire : de son propre aveu, il ne comprenait pas bien que le marché ne pourrait corriger seul le tir, en cas de bulle. Il a donc laissé la bulle immobilière gonfler dangereusement en gardant depuis 2002 des taux d'intérêt bien trop bas. Une grave faute professionnelle. Si l'Amérique était l'Union soviétique, Greenspan, théoricien de l'idée d'un marché « parfait » qui reflète à chaque instant la vraie valeur des investissements, serait désormais gommé des photos officielles. Mais en démocratie, il circule toujours dans les dîners et conférences de presse, condamné à perpétuité à faire son *mea culpa*, son *mea maxima culpa*.

Un meilleur patron de la Fed aurait-il pu nous éviter ce désastre ? Celui qui fut le président de la banque centrale pendant vingt ans (1951-70), William McChesney Martin, disait que son rôle consistait à « fermer le bar quand le bal du samedi soir commençait à s'emballer un peu trop ».

« Tant que la musique jouait, on se sentait obligé de danser », confessa un haut responsable de Citibank à la fin de 2008. Un bon régulateur sait calmer les esprits quand il le faut. Ce simple bon sens a cruellement manqué pendant l'ère Greenspan, et nous en payons le prix fort.

Vous ne devez pas vous contenter, *Mister President*, de jeter l'opprobre sur les uns pour revenir aux mêmes erreurs du passé. Il s'agit de réparer notre système financier comme on le ferait avec une machine à laver achetée chez Darty : sans tout jeter par la fenêtre et sans pleurnicher. Et en conservant la nature dynamique de notre économie. Après tout, n'oublions pas pourquoi de jeunes sociétés inventives comme Google ou Microsoft sont nées chez nous et pas en France. Les Français ne manquent ni du talent, ni de l'imagination, ni de l'éducation pour accoucher de tels champions. Mais de capital risque, si. Sans investisseurs prêts à subir des pertes dans leur recherche de profits, on reste coincé dans le *business model* d'hier.

« Est-ce que Barack Obama pourra renouveler la créativité du capitalisme en remplaçant la main invisible d'Adam Smith par le poing bienveillant de l'État ? », s'est interrogé Bill Gross, un spécialiste de Wall Street.

La clé serait de redonner aux régulateurs endormis depuis une décennie, comme la *Securities and Exchange Commission* (SEC), l'équivalent de l'Autorité des marchés financiers (AMF) en France, les pouvoirs qu'ils ont déjà mais qu'ils ont laissé s'atrophier depuis un certain temps. Franchement, vous avez la capacité de faire beaucoup, comme le réparateur de Darty, sans passer par les débats sans fin au Congrès. En donnant de nouvelles directives aux régulateurs, cela sonnera comme un nouveau départ en l'espace de quelques mois.

Faites très attention également avec votre ambitieux plan de relance de l'économie américaine. Selon vous, il existe des milliers de projets dits d'« infrastructure » qu'on peut lancer dès demain, pour tonifier notre PIB. Mais quand les financements coulent à flots, les arnaqueurs (principalement des élus locaux, bien sûr) sortent du bois, et vous vous retrouverez bientôt avec certains projets assez farfelus, comme celui qui consiste à nettoyer les rues de leurs prostituées en leur fabriquant des refuges (où elles n'iront jamais) ou cet autre, qui vise à bâtir le musée des gauchers célèbres de l'histoire. Le grand Franklin Roosevelt, qui commit pourtant quelques erreurs, essaya de bien vérifier la validité de chaque projet pendant la Grande Dépression.

Agissez rapidement aussi sur la question des revenus des grands patrons. Le gouvernement Bush a mis en place des contrôles, mais sans couperet et facilement contournables par les PDG. Il faut demander au Congrès de les resserrer par simple mesure de justice.

Une autre leçon à retenir (comme s'il en manquait !) : on pouvait encore comprendre que les régulateurs de Washington se sentent parfois impuissants face à la complexité des montages des subprimes et autres dérivés de crédits, mais le couronnement de leur incompétence vint avec une affaire bien plus classique, ne permettant aucune excuse. Fin 2008, la « fraude Madoff » et ses 50 milliards de dollars perdus pour les investisseurs, avait une signification claire et définitive : Wall Street, fière capitale de la finance, ne pouvait pas céder le titre mondial aux Français et à Jérôme Kerviel (responsable de près de 5 milliards d'euros de pertes) ! Sans que le régulateur s'aperçoive de quoi que ce soit, Bernard Madoff a pu pratiquer pendant environ deux décennies un jeu de cache-cache pyramidal, une arnaque vieille comme le monde, avec les milliards qu'on lui confiait. Et même lorsque ce pape de Wall Street eut tout perdu, la SEC resta aveugle devant cette gigantesque arnaque : ce sont ses deux fils, après les aveux du père, qui ont alerté la police.

Méfiez-vous, *Mister President*, d'un secteur économique qui prétend savoir se surveiller seul. Comme régulateurs, nous avons trop souvent fait confiance aux anciens de Wall Street, au prétexte qu'ils comprennent mieux le monde de la finance. Mais des liens d'amitié font baisser la garde. On ne peut plus demander aux renards de sécuriser le poulailler. J'en veux pour preuve l'exemple de Henry Paulson, ministre des Finances de Bush et auteur du plan de sauvetage de 2008. Je m'explique. En 1999, un grand banquier new-yorkais demanda formellement à Washington l'autorisation d'emprunter jusqu'à trente fois ses réserves afin de spéculer, ce qu'on lui accorda en 2004. Un assouplissement qui rendit la pente bien plus glissante en autorisant les banques à s'endetter fortement. Ce banquier, président de Goldman Sachs à l'époque, s'appelait... Henry Paulson.

Un dernier mot : les agences de notation, Standard & Poor's, Moody's et Fitch, qui n'ont rien dit sur les dangers qui se dressaient face à nous comme des icebergs, que faut-il en faire ? Elles auraient dû nous avertir des énormes risques que comportaient certaines obligations et prêts fondés sur les subprimes. Et pourtant... silence. Tout le monde a compris que ces agences sont trop liées à leurs clients, émetteurs de ces mêmes obligations et prêts, et qu'elles ont intérêt à leur attribuer des notes dignes de confiance.

Alors, que faire de ces pièges à loups inefficaces, ces clowns comptables, *Mister President* ? Une idée : Guantánamo.

Voilà mon petit guide pour vos premiers pas à la Maison-Blanche, sachant que, comme le disait Molière, si les débuts en amour possèdent un indéfinissable charme, ils peuvent finir en désastre. Et cela, il faut à tout prix l'éviter, sinon nous les Américains terminerons dans les poubelles de l'Histoire.

Vous êtes mon treizième président, moi qui suis né sous Franklin Roosevelt. Pendant ces plus de soixante ans, j'en ai vu des bons, des médiocres et des mauvais, et même des pires que mauvais, dernièrement.

Je me suis remis de mes émotions lors de votre triomphe le 4 novembre 2008, et l'heure désormais est à la démythification. Vous n'êtes ni un saint, ni un apôtre, ni même un missionnaire, mais simplement un homme politique soumis à toutes les contraintes que connaît votre espèce. Cela, je le comprends parfaitement.

Pourtant, vos admirateurs clament que pendant votre tutelle à Washington, ce ne sera pas *politics as usual*, la politique comme d'habitude. C'est ce qu'on verra. Le journaliste cynique en moi constate déjà que vous avez changé de registre depuis le 4 novembre dernier : le candidat est remplacé par le leader. L'« espoir » a cédé sa place au « réalisme ». Le « changement » est devenu une certaine continuité.

Honni soit qui mal y pense ? Certainement...

Pourtant, le quartier de la capitale américaine, K Street, où pullulent depuis toujours les lobbyistes, connaît un regain d'activité depuis les premiers jours qui ont suivi votre victoire. Les démocrates remplacent les républicains, mais faut-il une légère altération ou une véritable alternance ? Je propose qu'on vous juge sur pièces.

Mais si vous le permettez, *Mister President*, un tout dernier conseil d'un vieil observateur de la politique de chez nous : apprenez tout de même à lire le français. Sinon, cette lettre ne sera que du vent !

Mis en pages par DV Arts Graphiques à La Rochelle,
cet ouvrage a été achevé d'imprimer en janvier 2009,
par l'imprimerie Corlet à Condé-sur-Noireau
pour le compte des Éditions Michalon

Imprimé en France
Dépôt légal : novembre 2008
N° d'édition : 470
N° d'impression : 118543